智能传播

技术与产业篇

主　编◎李本乾　李晓静　禹卫华

上海交通大學出版社
SHANGHAI JIAO TONG UNIVERSITY PRESS

内容提要

本书聚焦智能传播中的技术与产业问题。人工智能技术不断发展,赋能产业领域,推动其不断进步,媒体行业又呈现出诸多新动向与特点。本书收录的论文关注全球电影产业、直播、短视频、用户迁移、在线观影等议题,从技术、产业、理论、用户等维度分析了人工智能如何赋能媒体产业。

本书可供新闻传播学及相关学科研究者参考。

图书在版编目(CIP)数据

智能传播.技术与产业篇/李本乾,李晓静,禹卫华主编.—上海:上海交通大学出版社,2025.6

ISBN 978-7-313-27936-1

Ⅰ.①智… Ⅱ.①李…②李…③禹… Ⅲ.①传播媒介—研究 Ⅳ.①G206.2

中国版本图书馆CIP数据核字(2022)第225859号

智能传播(技术与产业篇)

ZHINENG CHUANBO (JISHU YU CHANYE PIAN)

主　　编:李本乾　李晓静　禹卫华

出版发行:上海交通大学出版社

邮政编码:200030

印　　制:上海万卷印刷股份有限公司

开　　本:787mm×1092mm　1/16

字　　数:156千字

版　　次:2025年6月第1版

书　　号:ISBN 978-7-313-27936-1

定　　价:48.00元

地　　址:上海市番禺路951号

电　　话:021-64071208

经　　销:全国新华书店

印　　张:7.25

印　　次:2025年6月第1次印刷

卷首语

本书聚焦智能传播领域中的技术与产业问题。人工智能技术不断发展，赋能产业领域，推动其不断进步，媒体行业又呈现出诸多新动向与特点。本书收录的论文关注全球影视产业、直播、短视频、用户迁移、在线观影等议题，从技术、产业、理论、用户等维度分析了人工智能如何赋能媒体产业。本书可供新闻传播学及相关学科研究者参考。

臧志彭、赵妍合作的《全球电影产业跨国并购网络结构与演化规律》一文，聚焦全球电影产业跨国并购，运用社会网络方法，观察全球电影产业跨国并购网络的结构特征，探究其演化规律。

王之纲、石田、朱笑尘合作的《基于工业遗址场所精神的新媒体艺术空间设计——以首钢工业遗址"科幻世"科技艺术概念展为例》一文，以首钢园三高炉遗址科技艺术展为蓝本，解读VR、AR、MR、全息投影以及多种声光电新媒体技术应用如何与工业遗址完美结合。

宋乐、甘雨梅合作的《翻转摄像头：手机直播中的"感官传递"与"空间建构"》，从互动行为出发，围绕"翻转摄像头"这一行为分析直播对感官(senses)的传递和空间感的建构，深入挖掘人们对传播的需求。

钱烨夫、徐剑合作的《泛知识类短视频的兴起与线上图书营销的媒介化叙事：对三个抖音书单号的分析》一文，关注短视频图书营销，提出了泛知识类短视频生产与线上图书营销"双向驯化"的媒介化过程。

Praphruetmon Chenicha, Ching-Chou Chen 合作的"How Motivations Affect the Consumer's Attitude for Luxury Brand? —The Role of Social Presence and Information Richness"(《消费动机如何影响奢侈品的消费态度——社会在场与信息丰富性的中介与调节作用》)一文，以信息丰富性理论为基础，从用户的消费动机出发，探讨社会在场的中介作用和信息丰富性的调节作用如何影响奢侈品消费态度。

张晗、曾旺盛合作的《融合情境下受众跨媒介消费中的迁移行为研究——以〈盗墓笔记〉为例》一文，对受众的跨媒介消费的"迁移行为"进行考察。

董开栋、周玉也合作的《算法推荐新闻的可信度及其影响因素研究》，通过问卷调查考察算法推荐新闻可信度问题，深化智媒时代的新闻可信度理论体系建设。

刘博的《平台型媒体治理与网络编辑的时代使命》一文，基于网络编辑在平台型媒体发展中的重要角色，指出其时代使命作为一种思想变革，以编辑素养重构、共建平台型媒体治理共同体为着力点，寻求社会协同治理的共识。

刘畅、黄康妮合作的《以网络口碑预测用户在线观影行为——基于豆瓣平台大数据的实证研究》一文,从口碑研究入手,对爱情类电影在线评论进行数据挖掘,探索影响用户在线观影行为的因素。

战瑾元的《移动互联网用户对H5新闻的满意度研究》一文,通讨研究移动互联网用户对该新闻的满意度和进一步使用意愿,为相关信息服务提供者设计和优化内容提供参考和建议。

我们希望借由本书的出版,讨论新问题,关注新现象,启发新思考,期盼与各位读者一道,解读智能传播技术的发展及其社会意义,共同思考并创造新背景下新闻传播学及社会科学研究的美好未来。

目　　录

全球电影产业跨国并购网络结构与演化规律

臧志彭[1] 赵 妍[2]

【摘 要】 近些年来，全球电影产业跨国并购风起云涌，并演化成各国争夺优质影视资源、建构国际传播网络、提升文化影响力和话语权的战略选择。跨国并购参与国间的频繁互动催生出空间地理上复杂的网络结构关系。本文运用社会网络方法，以1997—2019年全球电影产业跨国并购项目为研究样本，考察全球电影产业跨国并购的网络结构特征，探究其演化规律。研究发现：全球电影产业跨国并购活跃度以5～8年为一个基本周期，整体呈波动上升态势；跨国并购网络的整体规模虽持续增长，但在2001年和2009年出现了两次锐减；以美国为首的“富国俱乐部”现象长期存在，且美国的单极化趋势更加凸显，美欧联盟在发展第二阶段受到严重冲击，但在第三阶段又重新汇聚；新兴市场国家进位明显，但仍然处于以“被收割”为主的状态；中国从网络外层向网络中心区域靠近，并逐渐占据一定的主动地位，但仍未进入网络核心圈层，中国电影产业的国际影响力仍有较大提升空间。

【关键词】 电影产业；跨国并购；社会网络；全球化战略

近些年来，全球电影产业跨国并购风起云涌。法国维旺迪集团从水务与建筑行业起家，通过对欧洲多国电视台和美国环球影业进行大规模并购而迅速崛起；2017年，英国Cineworld公司以“现金＋债款”共58亿美元完成对美国影院运营巨头Regal的100%股权收购。跨国并购已经成为全球影视产业争夺优质影视资源、建构国际传播网络、提升文化影响力和话语权的战略选择。

基于全球并购权威数据库Zephyr统计，1997—2019年电影产业跨国并购项目共27 423个，其中收购方与被收购方国家信息数据完整的跨国并购（含跨境并购，下同）项目达5 111个，涉及参与国家（含跨境地区）133个，交易金额总数达5 266.60亿美元[1]。上述数据一方面反映出全球电影市场跨国并购的活跃程度，另一方面也形成了国家间空间地理上复杂的网络结构关系。那么，这种复杂的跨国并购活动呈现出怎样的网络结构特征？各国电影产业并购关系存在怎样的演化规律？传统的统计分析、案例分析、历史分析等研究方

① 华东政法大学传播学院教授、硕士生导师。
② 华东政法大学传播学院硕士研究生。

法均难以深入准确刻画全球跨国并购这一复杂关系。因此,本文采用社会网络分析方法,通过绘制 1997—2019 年全球电影产业跨国并购的拓扑网络图谱,以网络化视角探索全球电影产业的发展趋势与结构规律,进而分析中国在其中的位置与演进路径,为理解全球电影产业发展格局提供参考。

一、全球电影产业跨国并购网络相关研究回顾

自 1993 年全球第五次并购浪潮开始到今天,跨国并购活动如火如荼。随着经济全球化与贸易自由化的程度逐步加深,跨国并购渐渐成为投资国际市场的主要方式[2-3]。电影产业作为现代服务业的重要组成部分,在国际文化服务贸易中占据主要份额,欧美等发达国家也一直在政策上扶持其发展[4-5]。进入 21 世纪以来,电影制作、发行以及营销成本相比 20 世纪末已经翻倍,给影视文化公司带来了巨大的资金压力[6]。为了免受产业链其他环节的辖制,影视文化公司纷纷采取跨国并购的方式完善产业链条,增强价值链优势,加深各环节之间的融合,夯实其在全球影视产业中的影响力[7]。此外,近年来数字技术给传统电影产业带来的冲击日益加剧。网飞、谷歌、亚马逊等网络公司对传统电影产业带来了极大的颠覆性影响,迫使传统影视文化公司纷纷对业务架构进行数字化升级。收购或参股较为成熟的团队和资源成为便捷的途径,由此,跨国并购也成为影视文化巨头适应技术变革、优化业务结构、稳住行业龙头地位的主要方式[8]。

跨国并购涉及并购方与被并购方及其所在的城市与国家,进而形成了复杂的并购网络。也就是说,产业并购研究不仅需要以并购涉及的个体为研究对象,还需要从并购网络维度进行深入解析。传统研究方法难以有效分析国际市场的复杂结构关系,因此亟须引入社会学和经济学广泛采用的社会网络分析方法,对上述关系及其演化规律进行深入刻画和探究。笔者通过文献梳理发现,目前关于全球电影产业并购网络结构与演化规律的社会网络研究比较缺乏。社会网络是由一组存在相互关系的参与者(节点)构成的网络结构,网络思维对理解社会权力关系具有十分重要的意义[9]。社会网络分析方法(SNA)作为一种定量分析方式,可以有效测量和映射网络参与者之间的结构关系与组织架构,是识别社会结构模型和研究网络动力学的常用方法[10],在社会学与经济学研究领域的应用也越来越普遍。有鉴于此,本文基于社会网络分析视角,从全球电影产业跨国并购网络拓扑、区域网络等特征及其演化规律维度,深入探析全球电影产业的资本流动、空间状态以及中国地位,为全球电影产业并购研究提供新的思路。

二、全球电影产业跨国并购整体演化趋势分析

本文以国际权威的并购数据库 Zephyr 为数据来源,根据北美产业分类系统(NAICS)的电影产业分类标准,按交易完成时间采集了 1997—2019 年全球电影产业并购数据[11]。考虑到并购项目总数量和并购交易总金额是反映产业并购基本状况的两大核心指标,因此

本文以这两个指标作为研判全球电影产业并购整体演化趋势的主要依据。统计显示，1997—2019年全球电影产业跨国并购总体呈增长态势，但按年份对并购数据进行预处理后发现，样本区间内全球电影产业跨国并购项目数量及交易金额呈现出较为明显的周期性波动。据此可以划分为1997—2002年、2003—2011年、2012—2019年三个阶段。三大阶段的具体波动特征如下：

第一阶段(1997—2002年)：总体呈现先直线抬升然后快速回落的波动态势。从并购项目数量来看，2000年是该阶段峰值(271项)，交易金额呈现出相似的演化趋势。20世纪末东西方冷战结束，给国际资本流动提供了良好的政治环境，叠加互联网技术的快速发展，电影产业跨国并购规模呈现大幅扩大态势，使不同国家间的电影资源置换与IP合作拓展机制得以优化。2000年后互联网泡沫破裂，加之2001年“9·11”事件冲击，导致全球电影产业并购热度快速降低[12]。

第二阶段(2003—2011年)：呈现先以较快速度增长后大幅下滑的周期性波动趋势。2003年非典疫情并未对全球电影产业跨国并购产生消极影响，全球电影产业跨国并购开始进入快速增长期，2006年到达最高值；并购交易金额方面虽然在2003—2004年出现了一定的下降，但此后的2004—2007年呈直线上升态势，增长1.78倍。然而，2007—2009年，美国次贷危机引发国际资本流动的大幅减缓，全球电影产业跨国并购活动快速下滑，尤其在2008年跨国并购总金额跌至103.37亿美元，较2007年下跌了74.89%，并购项目数量则是从2007年起一路下滑到2011年的158项(降低了55.99%)。

第三阶段(2012—2019年)：呈现出新一轮的先增后减周期性演化趋势。2012—2015年的全球电影产业并购项目数量呈“J”形上升，在2015年到达顶峰(348项)，之后逐步下降；并购交易总金额在2014年首现小高峰(299.53亿美元)，之后下滑并在2017年小幅回升后于2018年出现猛增至阶段最高值。该阶段中，2015年和2018年是值得特别关注的年份：2015年全球电影产业并购数量出现大幅增长，美国作为被并购方的跨境并购项目数量激增(94项)，同比增长176.47%；2018年全球电影产业收入再创新高[13]，电影产业的繁荣推高了并购项目参与企业的估值。此外，美国于2017年下半年起，对跨国企业海外分公司的税收限制解除[14]，资金充足导致并购交易金大幅抬升。而到了2019年，由于美国政府强势推进新贸易保护主义引发国际地缘政治紧张及各国贸易摩擦加剧，全球电影产业跨国并购交易金额出现断崖式下跌。

三个阶段的演化趋势如图1所示。

三、全球电影产业跨国并购网络拓扑结构及演化分析

为了更加直观地展示全球电影产业跨国并购网络的拓扑结构和演化特征，本文将数据输入NetDraw软件，围绕国家节点的点度中心度这一指标绘制可视化图谱。图中国家节点大小代表该国家的加权度，图中连线箭头方向表示资本流动方向，线条的粗细则表示节点间并购频率，由此形成全球电影产业跨国并购网络拓扑图，如图2所示。

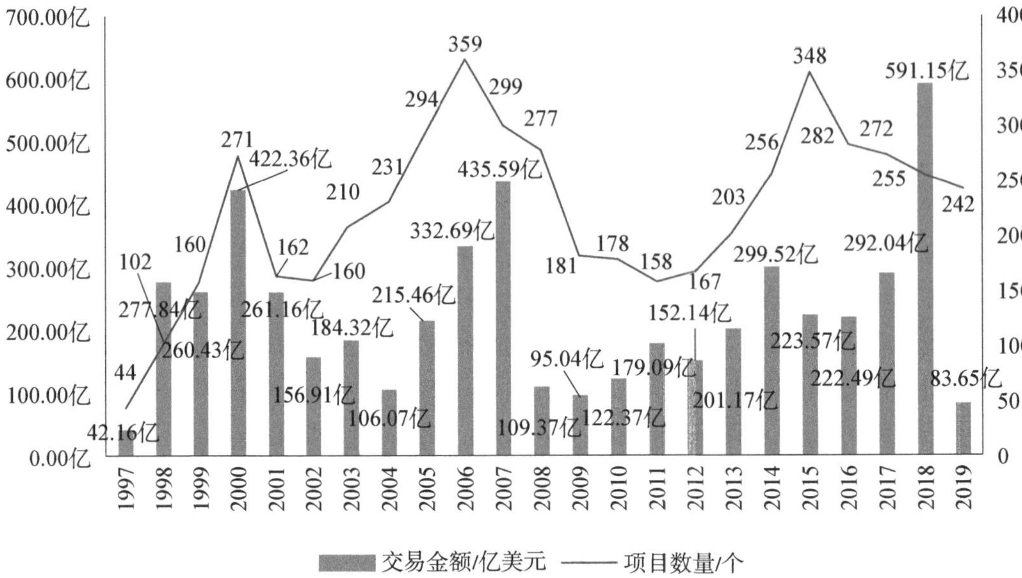

图 1　1997—2019 年全球电影产业跨国并购整体演化趋势

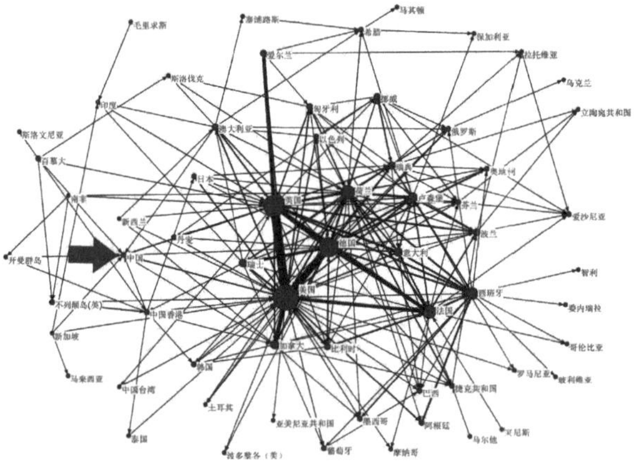

(a)

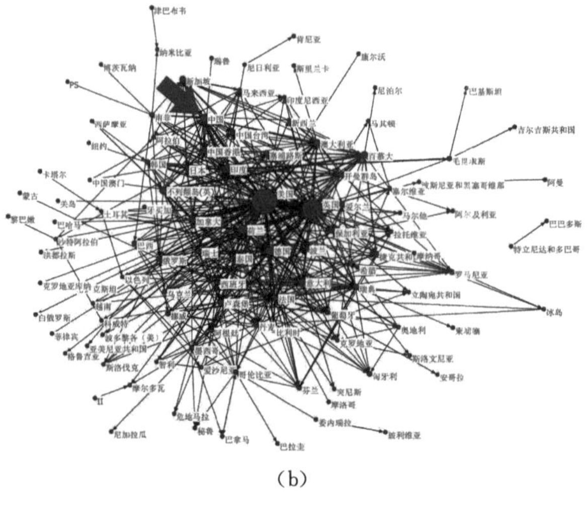

(b)

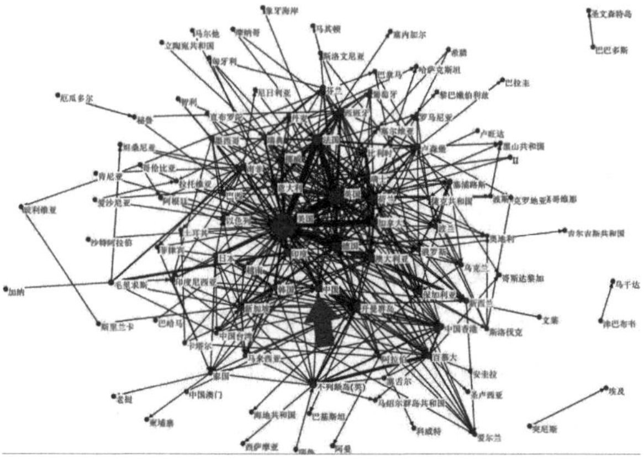

(c)

图 2　全球电影产业跨国并购网络拓扑结构

(a) 第一阶段(1997—2002 年),(b) 第二阶段(2003—2011 年),(c) 第三阶段(2012—2019 年)

总体来看,全球电影产业跨国并购网络呈现高度复杂且中心化的特征。通过分析网络节点数、网络边数、加权度等主要拓扑指标,研究发现:

1. 网络规模总体增长,其间出现两次锐减

网络节点数与网络边数是衡量网络规模的主要指标,从这两个指标的变化趋势来看(见图 3),全球电影产业跨国并购的网络节点数从 1997 年的 25 个增长到 2019 年的 44 个,网络边数从 37 个增长到 101 个,两个拓扑指标分别增加了 76.00%和 172.97%,由此可见 20 多年间全球电影产业跨国并购网络规模有了较大幅度的提升。在此期间,全球电影产业跨国并购的网络规模扩张也经历了两次大的波动:一次是 2001 年互联网泡沫破裂,全球电影产业并购网络中的国家并购关系数量锐减;第二次是在 2009 年,由于 2008 年美国次贷危

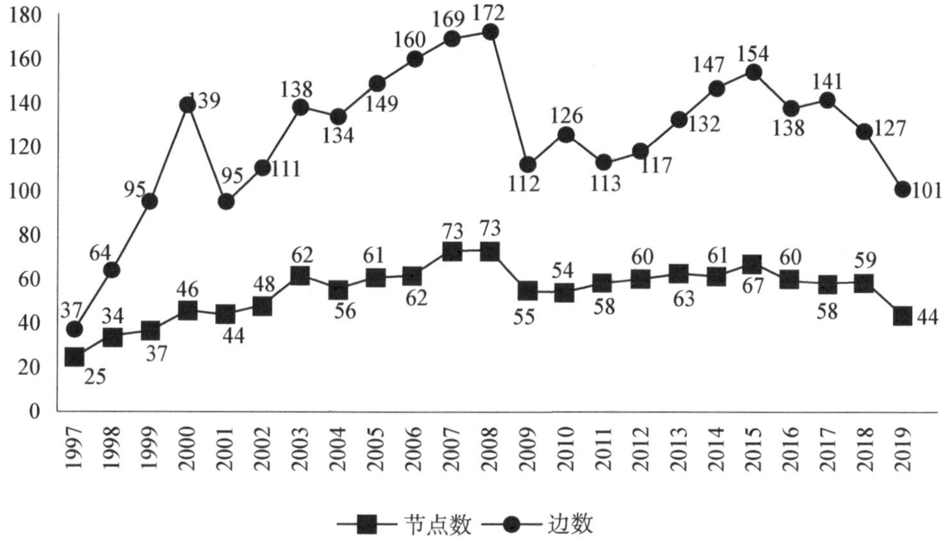

图 3　全球电影产业跨国并购网络节点数与网络边数

机引发的全球金融海啸对电影产业的跨国并购造成了严重冲击和影响,网络节点数下降了24.66%,网络边数下降了34.88%。就整个23年的演化进程而言,网络规模的明显扩大说明参与全球电影产业竞争的国家数量以及跨国并购关系在显著增加。从内在演化机制来讲,全球电影产业的并购整合其实是一个自我强化的过程,当产业中的重要竞争者开始通过并购扩张网络时,其他参与者将被迫跟进,以维护自身市场地位和势力[15]。

2. “富国俱乐部”现象明显,美国单极化趋势更加凸显

本文对1997年以来全球电影产业跨国并购加权度[16]按照三大阶段进行了排名,筛选出前二十强国家/地区,并根据净加权出度划分产业属性:外向型国家/地区(净加权出度＞0,本国资本向外并购)和内向型国家/地区(净加权出度＜0,外国资本进入国内并购),如表1所示。

表1 1997—2019年全球电影产业跨国并购网络核心国家/地区加权度二十强

第一阶段(1997—2002年)					第二阶段(2003—2011年)					第三阶段(2012—2019年)				
国家/地区	加权出度	加权入度	净加权出度	加权度	国家/地区	加权出度	加权入度	净加权出度	加权度	国家/地区	加权出度	加权入度	净加权出度	加权度
美国	183	130	53	207	美国	591	204	387	611	美国	509	339	170	607
英国	148	98	50	164	英国	273	343	−70	464	英国	257	181	76	320
德国	137	78	59	143	德国	90	116	−26	155	法国	136	115	21	190
荷兰	74	48	26	92	荷兰	123	62	61	144	德国	85	158	−73	184
法国	60	58	2	82	印度	25	119	−94	121	澳大利亚	76	47	29	98
西班牙	34	46	−12	69	中国	20	105	−85	106	加拿大	95	64	31	98
卢森堡	43	19	24	48	法国	70	72	−2	101	荷兰	69	65	4	94
意大利	25	30	−5	45	百慕大	64	60	4	99	中国	44	80	−36	93
加拿大	34	24	10	38	加拿大	83	58	25	85	印度	10	85	−75	88
瑞典	16	25	−9	37	意大利	20	71	−51	82	开曼群岛	57	39	18	83
瑞士	18	27	−9	34	不列颠岛(英)	75	22	53	79	新加坡	65	32	33	79
波兰	6	26	−20	29	西班牙	39	46	−7	75	意大利	21	60	−39	73
比利时	9	22	−13	24	澳大利亚	42	47	−5	73	韩国	22	51	−29	66
爱尔兰	5	18	−13	22	瑞士	69	12	57	72	西班牙	13	58	−45	64

（续表）

第一阶段（1997—2002 年）					第二阶段（2003—2011 年）					第三阶段（2012—2019 年）				
澳大利亚	16	15	1	21	卢森堡	65	9	56	67	百慕大	24	51	−27	62
匈牙利	2	18	−16	19	瑞典	47	39	8	67	不列颠岛（英）	54	16	38	57
挪威	11	11	0	18	俄罗斯	19	51	−32	62	南非	38	20	18	55
中国	0	16	−16	16	开曼群岛	38	25	13	51	卢森堡	48	13	35	52
奥地利	4	14	−10	14	新加坡	34	24	10	49	挪威	39	14	25	47
阿根廷	1	13	−12	13										

“富国俱乐部”现象明显存在，第二阶段有所减弱，第三阶段又有所加强。在第一阶段（1997—2002 年），欧美发达国家牢牢占据全球电影产业跨国并购网络中心位置，体现出绝对的富国垄断现象。进入第二阶段，全球电影产业跨国并购活跃性大大增加，虽然欧美发达国家仍占据重要战略地位，但受金融危机影响，印度、中国和新加坡进入二十强，参与全球电影产业市场的争夺。到了第三阶段，澳大利亚、加拿大等传统西方强国保持增长，进一步巩固了“富国俱乐部”的影响力。此外，三阶段数据皆与幂函数拟合良好，R^2 指数均在 0.97 以上，这进一步验证了网络结构存在明显的“富国俱乐部”现象，这一特征与其他学者进行的全产业跨国并购网络研究的结论基本一致[17]。

美国逐渐甩开欧洲，单极化趋势更加突出。通过对三阶段的国家加权度指标进行比较分析后发现，美国从 1997 年以来在全球电影产业跨国并购中的影响力一枝独秀。由于信息与资本的流通愈发便捷，美国电影的全球化发展不仅为其带来了巨额的营收利润，还使其在与其他国家政治地位和经济实力差异巨大的情况下，能够迅速将跨国资本投入其他国家电影市场，挤压本土电影企业成长空间，并在世界文化格局中轻易占据优势地位。这种现象与美国追求世界“单极化”的政治倾向一致，其模糊地域局限的文化权力到了今天仍然影响巨大[18]。

3. 新兴市场国家进位突出，但仍处“被收割”状态

互联网技术推动的全球化趋势蔓延，使得新兴市场国家能够参与全球电影产业竞争。尽管美国在全球电影产业跨国并购网络的优势地位十分明显，但近年来一些新兴国家的本土电影也显示出强劲的竞争力，国内市场表现优秀，并逐渐将发展目光延伸至海外市场。根据表 1 排名可以发现，由第一阶段的欧美单一中心网络逐渐变成多区域联动，跨国并购网络区域集中度有所下降。网络结构呈现这样的特征变化，一方面是由于欧美发达国家电影产业发展较快，国内市场饱和度高，许多企业将投资目光转向电影市场尚未成熟但票房潜力较高的新兴市场，跨国并购资本流向也因此发生变化；另一方面，新兴市场国家在经历第二阶段外来资本注入和国内政策扶持的双重刺激后，国内电影产业有了长足发展，实力有所提升，在第三阶段全球电影并购网络中的参与更加深入。然而，需要特别注意的是，作为新兴市场国家的代表，印度和中国的电影产业跨国并购加权度虽然在第二阶段一跃进入全球前六位，在第三阶段仍然排在前九位，但这两个国家的净加权出度一直是负值，也就是说一直处于被并购次数大于主动并购次数的“被收割”状态。

4. 中国从网络外层向中心靠近，但仍未进入核心圈层

从全球电影产业跨国并购网络拓扑图来看，可以明显看到在第一阶段，中国所处位置在较外层，且节点尺寸相对较小(加权出度为0，加权入度为16)，国内企业被他国收购，中国被动参与全球电影竞争。到第二阶段，中国开始密集参与到整个全球电影市场竞争中，与他国的电影并购关系更加频繁，开始主动发起对他国电影企业的吸收与合并。但是每年中国作为并购方的项目都不超过5个，且主要是与在国外上市的中国企业合作，并购项目数仍然大大超过被并购项目数，由于国内强大的票房实力，中国成为众多电影发达国家资金流向的目的地。到第三阶段，中国在整体网络中向中心区域移动，相比第二阶段，中国电影产业竞争实力有了更大幅度的提升，特别是在2015年，中国在全球电影产业并购中作为收购方的项目数多于作为被收购方的项目数，表明中国正在以更加积极主动的姿态参与世界电影市场的并购浪潮。自2010年以来，中国电影产业跨进百亿票房时代的近十年里，迈入高速发展的“黄金期”，并开始向质量型和精细化发展方向转型[19]，多项大型跨国并购项目鼓舞了国内电影企业出海的信心。然而，从网络拓扑结构演化来看，中国虽然在全球电影并购整体网络中的位置逐渐向中心靠近，但仍未进入核心圈层。在数字技术与电影制作结合愈发密切的今天，中国若想提高在全球电影跨国并购网络中的战略地位，仍然面临许多挑战。

四、结语

进行跨国并购活动是世界电影产业十分常见的国际投资行为。随着全球文化贸易交流的不断加深，电影产业跨国并购在全球文化资源配置中成为各国建构竞争软实力与国际传播能力的重要方式。本文运用社会网络分析方法，对Zephyr数据库中1997—2019年全球电影产业跨国并购网络的结构演化规律及其日益显现的战略态势进行了深入分析，主要得到如下结论：

一是总体趋势方面，以全球电影产业跨国并购的总项目数和交易总金额两个指标作为主要依据，研究发现其存在周期性波动特征，整体呈波动上升趋势。全球电影产业跨国并购与国际金融投资环境、国际政治关系以及对外贸易政策密切相关，尤其是发达国家电影产业政策的变迁对其影响显著。

二是网络结构方面，全球电影产业跨国并购网络整体规模呈现增长趋势，但在2001年和2009年出现了两次锐减。全球电影产业跨国并购网络在三大阶段均呈现出较为明显的

“富国俱乐部”特征，其中第二阶段受金融危机影响有所减弱。美国的总加权出入度领先全球，且其单极化趋势愈发明显。新兴市场国家进位明显，但仍然处于“被收割”的状态。

三是中国在全球电影产业跨国并购网络中的地位逐步上升，但仍未进入核心圈层。从阶段演化来看，第一阶段中国明显处于网络外层位置；到了第二阶段，中国密集参与全球电影产业并购市场，但仍处于被并购地位；第三阶段，中国主动发起收购的频次大幅增加，且在 2015 年净加权入度值变成正数。然而，拓扑网络分析显示，中国距离进入全球电影产业跨国并购网络核心圈层还有一定距离，在全球电影产业中的地位还有较大提升空间。

需要指出的是，限于篇幅和研究能力，本文仅对 1997 年以来全球电影产业跨国并购的总体趋势、网络结构特征演化规律以及初步显现的战略竞争态势进行了较为粗线条的分析，旨在为了解全球电影产业跨国并购的宏观状况提供参考。而对于全球电影产业跨国并购网络发展演化的影响因素、驱动机制，以及更为深入的典型国家间并购博弈关系和全球电影产业价值链升级策略等研究课题，则有待于未来进一步探索。

参考文献

[1] Zephyr 数据库中的并购交易记录有很多并购项目国家信息缺失，因此本文研究过程中仅统计了并购双方国家信息完整的跨国并购（含跨境并购）项目数量为 5 111 个，交易总金额为 5 266.60 亿美元，实际跨国并购项目数量和交易金额应高于上述数字，下同。

[2] Zademach H-M, Rodríguez-Pose A . Cross-border M&As and the changing economic geography of Europe [J]. European planning studies, 2009,17(5):765 - 789.

[3] 曾兴亮，任超锋. 全球外资并购市场的形成及规律研究[J]. 经济问题，2010(5):116 - 119.

[4] 王玲. 国际文化商品和服务流动趋势及中国文化贸易崛起：解读联合国教科文组织《文化贸易的全球化：消费的转变》[J]. 思想战线，2017,43(4):114 - 122.

[5] 方英，孙尧. 战略性贸易理论对我国文化贸易的启示：以演出服务贸易为例[J]. 经济问题，2010(05):50 - 52+119.

[6] Opitz C, Hofmann K H. Adverse selection and moral hazard in equity partnerships: evidence from Hollywood's slate financing agreements [J]. Journal of Economics & Management Strategy, 2014,23(4):811 - 838.

[7] 薛婧. 美国影视行业发展的现状、原因及启示[J]. 企业文明，2020(03):141 - 142.

[8] 蓝轩. 美国影视企业并购重组：进程、影响和启发[J]. 文化产业，2020(20):126 - 131.

[9] Howard H. Television station ownership in the U. S.: a comprehensive study (1950 - 2002) [J]. Journalism & commmunication monographs, 2006,8(1):1 - 78[2022 - 03 - 29]https://doi. org/10. 1177/152263790600800101.

[10] Prehn O, Sanchez-Tabernero A, Carvajal M. Media concentration in the European market: new trends and challenges [M]. Pamplona: Servicio de Publicationes de la universidad de Navarra, 2002:102.

[11] 由于 2020 年全球暴发新冠疫情导致并购数据异常，故而未将 2020 年纳入统计分析。

[12] 杨立强，卢进勇. 当前全球跨境并购的特点与趋势分析[J]. 国际贸易，2016(10):42 - 47.

[13] 美国电影协会. 2018 年全球电影主题报告[R/OL]. (2019 - 03 - 21)[2022 - 03 - 24]. https://www. motionpictures. org/research-docs/2018-theatrical-home-entertainment-market-environment-theme-report/.

[14] 钱志清. 全球外国直接投资新趋势及经济特区发展的挑战:《2019 年世界投资报告》综述[J]. 国际经济合作,2019(4):4 - 19.
[15] Aris A, Bughin J. Managing media companies: harnessing creative value, 2nd edn [M]. Chichester: John Wiley & Sons, 2009.
[16] 这里的加权度是指无方向加权度,即不考虑并购或被并购方向性的加权度。
[17] 计启迪,陈伟,刘卫东. 全球跨境并购网络结构及其演变特征[J]. 地理研究,2020,39(3):527 - 538.
[18] 尹鸿,萧志伟. 好莱坞的全球化策略与中国电影的发展[J]. 当代电影,2001(4):36 - 49.
[19] 林杨莉. 新时代我国电影产业高质量发展的策略选取[J]. 电影评介,2019(16):103 - 105.

基于工业遗址场所精神的新媒体艺术空间设计
——以首钢工业遗址“科幻世”科技艺术概念展为例

王之纲[1]　石　田[2]　朱笑尘[3]

【摘　要】 工业遗产承载着当代人共同的文化记忆，其场所精神应当在当代社会得到延伸，新媒体艺术在其中发挥着关键作用。在融合的过程中，既应当凸显工业遗址场景的文化价值，也应当充分发挥新媒体的优势，指向未来的科技幻想。立足于首钢园三高炉工业遗址的北京科技周科幻分会场“科幻世”科技艺术概念展，运用最新的 VR、AR、MR、全息投影以及多种声光电技术，为观众创造了一个可以沉浸体验的“未来空间”，体现出首钢三高炉工业遗址与新媒体艺术的完美结合，以科技创新的形式延续了“首钢精神”，借助新媒体、新技术使沉寂的高炉重新焕发生机。

【关键词】 工业遗址；新媒体艺术；空间设计；场所精神

随着人类生产方式的革新，工业文明留下的工业遗址成为承载人类文明进程记忆的特殊空间。对工业遗址价值的评估，以及其在现代城市生活中的规划布局，引发了众多学者的深入思考。

一、工业遗址与场所精神

近年来，工业遗址作为文化遗产的保护价值被一再重申，对工业遗产的创新性开发也使人们对其仅仅是存在于一段历史时期的工作场所的看法得以扭转。工业遗址作为一个处于变化中的“场所”，对其进行保护与创新式开发，既要使其适应现代城市的人居环境，又要注重对其场所精神进行保护与维持，使当代人能够领会其中的内涵。

1. 场所精神

场所与场所精神是源自建筑现象学的概念，它指的是被人们所认识并赋予价值的空间。当人们充分熟悉和了解一个地点和空间时，这个地方就成为场所，场所与人的关系是

---

① 清华大学美术学院信息艺术系主任、副教授，美术学博士。
② 清华大学设计学博士后。
③ 清华大学美术学院 2021 级博士生。

无法分割的,作为一个整体现象,它由三部分交织而成:具有人造和自然要素的特定景观,一种可被场所接纳的活动模式,一套兼具个人性与共有的意义体系[1]。由此可见,场所是由多种因素组成的综合体,既与物理的空间相关,又与社会生活与人类活动有关。场所精神的概念由建筑现象学家克里斯蒂安·诺伯-舒兹(Christian N or berg-Schulz)提出,指的是由具有物质本质、形态、质感及颜色的具体事物所组成的整体。这些事物的总和决定了一种"环境的特性",亦即场所的本质。一般而言,场所都会具有某种特性或"气氛"[2]。

场所是不断变化的,过去具有某种特定功能的场所,在新的历史时期失去了原有功能,场所本身就发生了变化。但这不意味着场所精神会随着场所的变化而逝去,保存场所精神意味着在新的历史阶段将场所和场所的本质具体化和现实化。工业遗址正是一种工业时代生产方式的遗存,如今巨大的高炉虽已停止运转,但存在于其中的场所精神仍然可以通过其他途径得以保存与弘扬。

2. 工业遗址中的场所精神——以首钢工业遗址为例

根据《塔吉尔宪章》对工业遗产的定义,工业遗产所涵盖的历史时期是从18世纪下半叶的工业革命延续至今,包含具有历史、技术、社会、建筑或科学价值的工业文化遗存。中国的工业化进程始于19世纪,经过上百年的发展,也留下了大量的工业遗存,旧工业遗址在当代城市的规划与开发中一直是个关键问题。第一,由于其体量庞大,即便是简单的拆除也需要耗费巨额资金;第二,工业时代的遗存代表着人类生活的重要阶段,属于人类共同的文化遗产,有着重大的保护价值。在当代对工业遗址的保护与开发中,既需要维持旧工业遗址的整体氛围与面貌,又需要对工业遗存中的元素进行合理利用并加以创新,将工业遗址的场所精神延伸到当代。

人置身在场所中,同时也会被环境特性所围绕。场所包含两个部分,已知的场所是当下知觉能感知的,包括视觉和其他知觉;未知的场所则是对同一场所的经验和记忆,人们通过当下对陌生场所和空间的感受,引发对其他场所和空间的记忆与联想。论及工业遗址的场所精神,应当结合具体地点,从场所的空间和文化传承两方面来探讨。工业遗址的建筑空间、工业设施构成了工业遗址场所的物理空间,有着时空属性,大部分工业设施与建筑形成于过去的工业时代,这也是物理空间与文化传承之间的连接点,它联通着某一特定历史时期的时代精神。

首钢工业遗址的前身是北京首钢集团,位于北京石景山区,诞生于20世纪20年代。新中国成立后,它成为首都工业发展的支柱,见证了北京乃至中国的工业发展历程。首钢人砥砺奋进、攻坚克难的精神也历经百年,传承至今。2010年,随着石景山首钢工业园区一号高炉熄灭,过去炉火通明的炼钢高炉归于沉寂,这标志着首钢一段历史的结束与新阶段的启程。如今,首钢与北京城市规划相配合,走上了产业升级与发展文化创意产业的工业区改造道路,旨在保护工业遗址这一共同的文化记忆,弘扬首钢精神。

工业遗址场所不仅仅是物理空间,还承担着文化传承的使命。在讨论场所时,不应忽视"人"这一重要因素,人与其所处的空间环境是相互关联的,场所是自然和人为的因素共同形成的综合体,诺伯-舒兹认为,建筑存在的意义就是使得场地(site)成为场所(place),也就是从特定的环境中挖掘出潜在的意义。换言之，工业遗址的场所精神由工业文明时代的环境和人之间的联系生发形成，工业生产环境与设施伴随人们走过工业化、城市化的进程。而场所会改变，它并非永恒而是处于变化之中，随着生产方式革新与产业升级，巨型的工业生产场所和设施成为过去式，当代人和旧工业设施之间曾经建立的联系如今不复存在，但这不意味着场所精神也会随之改变或逝去。出于工业遗址保护与创新性开发的考虑，在产业升级、社会发展方式发生变化的情况下，若要保护和延续工业遗址的场所精神，则需重新构建当代人、社会和工业遗址之间的联系。这也成为在工业遗址场所基础上进行展览空间设计的一个指导原则。

二、场所精神在当代新媒体艺术空间中的延伸

建基于工业遗址场景的新媒体艺术空间，展览场所、新媒体艺术展品与参展观众三方构成一个有机整体。空间设计是一个将工业遗址场所精神的本质具体化，并从未来视角出发加以延伸的过程。在基于工业遗址的新媒体展览空间设计中，主要从工业遗址场景与新媒体艺术的结合、观众知觉体验的强化，以及展览主题的创新这三方面来体现和延伸场所精神。以首钢工业遗址为依托的“科幻世”科技艺术概念展，就是将工业遗址场景和现代科技相结合，以创造性的方式延伸首钢工业遗址场所精神的优秀案例。

1. 首钢工业遗址“科幻世”科技艺术概念展概况

作为北京科技周的科幻分会场，落地首钢园区三高炉的“科幻世”科技艺术概念展将工业遗址场景与科幻主题深度融合，以“科幻世”作为策展主线，分为“人类・幻相”“城市・幻乡”“宇宙・幻想”三个板块，融合科技与艺术，运用多种新媒体前沿技术，汇聚了关注前沿技术的新媒体艺术家、学者与企业，立足人类生活与现代科技，将视野投向宇宙太空与未来科学，为观众打造了一个面向未来体验的科幻主题乐园、一场基于沉浸式媒体叙事的科幻系列展览，以及一次探索技术美学边界的科幻视听盛宴。除精彩的科技艺术概念展以外，本次展览还举办了“科幻世：科幻产业高峰论坛”，邀请了科幻作家韩松、清华大学教授徐迎庆、香港大学物理系副教授苏萌等科幻界大咖与科学家，他们从跨学科视角出发，探讨了中国未来的科技发展以及中国科幻作品如何走向世界等议题。

经过精心筹备，展览于 2021 年 5 月 22 日在首钢园三高炉顺利开幕，吸引了大量观众参观。展览与首钢工业遗址场景的无间结合，既回顾过去，传承和发扬了首钢精神，又面向未来，利用新媒体技术展现对城市、人类与宇宙的创意想象，赢得了社会各界的诸多好评。

2. 工业遗址场景和新媒体艺术的结合

工业遗址场景与新媒体艺术具有极高的契合度。事实上，人们对艺术品与展览空间的关系的认识经历了从一体，到分离，再到结合的过程[3]。早期，艺术品与场所紧密结合，如中国山西永乐宫的朝元图壁画、敦煌莫高窟等，这些艺术品始终依托场所而存在。随着艺术的发展，艺术品不再依附于特定环境，而是适应各种环境的展示与展览，此时的展览空间更多的是作为一个“展示的容器”出现。在这个过程中，空间场所变得尽量低调，尽量不干

扰艺术作品自身的表达,甚至精简到只有基础的白色墙面和照明。随着当代艺术与新媒体艺术的发展,展览场所自身的价值也越来越受到重视,传统艺术的展览空间虽然也有其重要性,但并非必需品,与之不同的是,新媒体艺术的展览空间自身也应当作为一件“艺术品”存在,场所有自身的意义表达,其与展示内容是结合在一起的,形成更高维度、更多模态的整体。新媒体艺术展览场所的重要性不但体现在展品和展览场所的紧密结合上,也体现在展览场所和展览品的开放性上。有了观众的现场互动与参与,展品才能最终完成。在这个过程中,新媒体艺术展览空间耦合了视觉、物质元素和知觉体验,转化为观者的独特经验。这也凸显了工业遗址场景与新媒体艺术结合的优势,工业遗址的场所精神可以通过新媒体艺术营造的展览空间得以延续与传递,新媒体艺术也可以通过工业遗址场景更好地构建沉浸式体验空间,通过新媒体艺术,原有工业遗址场景的空间感染力得以增强,使场所精神得到更大程度的延伸。

此外,从工业遗址保护的角度看,新媒体艺术与工业遗址场景结合也具有极高优势。对工业遗址进行创新开发必须要建立在原址保护的基础上,一方面需要保证展览效果,另一方面对工业遗址设施、墙面与地面都不能造成损坏。新媒体艺术可以利用数字空间和声光效果打造视觉奇观,无须对场所本身施加更多改造。落地首钢园区三高炉的“科幻世”科技艺术概念展在策展阶段就从工业遗址保护的角度进行考量,使用 3D-Mapping 灯光投影技术配合全息舞台表演,达到在不损害三高炉炉体的情况下,使沉寂的三高炉重现当年炉火通明的视觉奇观。

3. 观众知觉体验的强化

强调观众的知觉体验是对现象学理念的回应,莫里斯・梅洛-庞蒂(Maurice Merleau-Ponty)在知觉现象学中强调“身体”这一概念,提出“我”并不是一个抽象的意识主体,而是具身的身体;同时,身体也不是物质性的肉体,而是本身就能思考的知觉系统,能够感知和理解我们所处的世界。梅洛-庞蒂对知觉的思考引发了建筑学领域对知觉与体验的重视,通过建筑加强人们的存在体验,建筑知觉涉及人们的多种不同的感觉系统,如视觉、听觉、触觉、味觉与定向系统等。建筑空间的材质、光源、结构等知觉要素都会导致人们产生不一样的感受,这对观众领会场所精神同样重要。

新媒体艺术本身具有多模态性,它依托于文字、声音、图像等多模态的媒体形式,为观众提供具有实时性、交互性的沉浸式体验。不同的新媒体技术都旨在拓展人们的不同知觉体验,如全息投影技术、3D-Mmapping 灯光投影等技术增强了人们的视觉感官体验;多模态交互系统可以邀请观众参与,通过视觉、听觉、触觉等多种渠道增强观众体验感。综合来说,新媒体艺术可以打破真实与虚幻的边界,不仅体现在视觉、听觉的延伸上,还通过现场交互与艺术的随机生成也可以增强空间沉浸感,帮助观众更加深刻地领会场所精神。

4. 展览主题的创新

为了更好地延伸场所精神,基于工业遗址场景的新媒体艺术展览更应该拓宽思路,寻找在更高维度上与工业遗址场所精神相契合的展览主题,如果用叙事来比喻策展,展览的主题就是故事中的“事件”,起着举足轻重的作用。事实上,工业时代与未来科幻是相通的,工业时代是已经实现了的技术，带领人类走向了城市化，而科幻可以是未来有待实现的科技。工业时代对美好生活的畅想与努力，以及当代人对未来科技发展与人类生活的展望，其中的精神是一以贯之的。

在首钢工业遗址之上举办的“科幻世”科技艺术概念展，就在展览主题上进行了创新，策展人陈楸帆解释了“科幻世”的由来：为了强调人类在地质和生态中的核心作用，人类对地理纪元进行标记，即人类来到了与更新世、全新世并列的新纪元——人类世(anthropocene)。“科幻世”(sci-ficene)正是借鉴学界对“人类世”的概念界定，面向人类所进入的科技爆炸加速时代，面对气候变化、资源匮乏等种种挑战，我们需要借鉴科幻的想象力与创新力，去打通不同学科的边界，以问题为导向，以充满“共感”的文学艺术形式去沟通公众、弥合割裂、创造共识，去形塑一个可持续发展的人类命运共同体。在展览中，工业遗址和未来科幻指向了人类过去、现在与未来生活的时空，新媒体艺术将这三个时空重叠、融合在一起。

三、延伸工业遗址场所精神的新媒体艺术空间设计路径

场所精神的延伸首先立足于观众对陌生环境的归属感。场所精神被诺伯-舒兹利用知觉基型(perceptual schemata)的概念进行解构，认为对场所的归属感来自方向感和认同感的叠加。也就是说当人们进入一个陌生场所后，对这个陌生场所的归属感来自对此场所方向感的把握，以及对此场所之意义的理解和认可。通过这种对空间层面之方向感和心理层面之定位感的双重定位，人们对陌生环境建立起归属感，从而对场所精神引发认同的意愿，通过这种方式建立观众对场所的归属感后，进一步明确场所精神成为延伸场所精神的必要基础。若要完成从建立场所归属感、明确场所精神，到延伸场所精神这一系列人与场所的精神互动，诺伯-舒兹认为其可分为三个步骤：首先，使场所结构更精确以获得人存在的立足点；其次，对既有情景加以补充，完善并明确场所精神；最后，人将其对环境的理解“象征化”。笔者在此步骤之上结合实际需求，细化步骤为五步：通过导向标识建立自然结构方向感；通过展览叙事获得精神结构立足感；通过展品选择获得精神认同感；通过展览 VI 的整体性感知获得归属感；通过对首钢遗址场所精神本质的具体化获得场所精神的延伸。

1. 通过导向系统建立自然结构方向感

“科幻世”科技艺术概念展不同于传统展览的封闭式线性观展模式，注重开放且互动的观展体验，这对习惯了传统展览方式的观众带来了新鲜感的同时也带来了挑战。如何在多媒体展览场所中为观众营造方向感，从而让他们对整个展览场所产生归属感，是“科幻世”科技艺术概念展努力优化的问题之一。方向感是人们在空间中辨别方向的能力，这种能力帮助人们在场所中获得定位点，进而产生归属感。传统非交互类展览大多采用封闭式的线性观展模式，观众从一个展厅到另一个展厅，展厅之间通过箭头等导向标识来引导。观众在这种环境中对自己身在何处是有一定把握的，具备对整体环境的方向感。这种方向感的获得主要依赖于对导向标识的解读这个单一的视觉通道，而更强调整体互动体验的多媒体

展览环境可以利用观众与终端的互动来获得位置定位的补充。“科幻世”在传统导向系统的基础上,加入了终端导向这一层级,采用线上线下双系统的导向模式,即场馆中仍沿用导向立牌、方向地贴等传统导向标识,同时通过终端设备连接整体环境的地图及展品信息。双模式的导向体验在保证观展路线大方向正确的同时,也给观展路线带来了一定的灵活性,增强了观众的参与自主性体验。

2. 通过展品叙事逻辑连续性获得精神结构立足感

“科幻世”科技艺术概念展在完善常规线上线下导向系统的同时,还通过展品叙事的递进关系使观众在与展品的互动中感知叙事顺序,从而理解展览的逻辑顺序,获得方向感。展场中心是三高炉遗迹,其巨大的炉体将场地化为近似于环形的展览空间。在传统展览看来这是一种环境限制,但“科幻世”科技艺术概念展却将限制化为有利条件,以环形为参观路线,展品布局在环路上,形成外部封闭、内部开阔的观展路线,这为展品叙事提供了先决条件。展品叙事通过把展品分为“城市—幻乡”“人类—幻相”“宇宙—幻想”三个部分来实现,这三部分之间存在递进关系。观众进入围绕三高炉的环形通路后,三部分的展品相继展现,形成自然的叙事递进关系。此外,展览还用颜色代表不同区域,并在入口处设置主视觉地图,使观者即使不看导向标识,也可以通过与展品的互动来判断自己处在“城市”“人类”还是“宇宙”板块,从而清晰地了解自己的观展进度,从而对自己的“立足点”了然于心。

3. 通过知觉体验获得精神认同感

人们通过对自我与周围环境的价值评估来获得认同感,这是精神层面归属感的重要体现。认同感的对象往往具有环境特质,通常来自人文社会、自然资源、空间功能等多个维度。诺伯-舒兹认为,认同感意味着“与特殊的环境为友”,与世界建立积极而有意义的联系[4]。在“科幻世”展览中,通过强化观众的知觉体验来建立观众与“科幻世”展览场所之间的联系。

《心术》是苏永健和吟光共同创作的一款交互装置,参与者通过碰触感应器即可触发“机械心脏”的跳动,随着参与人数的增加,“机械心脏”的跳动更加活跃,产生人机共振的效果。正如创作者所言:“人类心跳如同被机械心脏感知,并以抽搐和跳动回应。芯片与情感的界线愈渐模糊,编码机器和有灵肉身本质上可能并无矛盾,也无所差别。”《心术》这个作品将艺术家的创作理念与科幻主题通过“心跳共振”这一触感形式形成内涵联系。

《宇宙八音盒》是一个为了实现人与宇宙在声音层面上实时互动的“新乐器”。它由太空部分和地面部分组成:太空部分是乐器的输入端、触发端,地面部分是乐器的发声端、交互端。通过两部分的联动,体验者能够听到宇宙八方的音乐与地球音乐的共奏,从而实现天地共鸣。这种声音在展场回荡,很容易唤起观众对首钢炼钢声音的联想,声音的融入无疑使观众的知觉体验更加富有层次,进一步引导了场所精神的产生。

4. 通过展览 VI 的整体性感知获得归属感

方向感和认同感共同构成了归属感,代表着人们对场所的体验与感知。感知越强烈,场所精神就越容易形成。在空间体验的过程中,场所精神利用建筑赋予环境的特质,并使得这些特质与人产生关系。虽然通过整体视觉形象来强化展览的直观印象是一种较受推崇的方法，但这种方法大多停留在较低维度。而“科幻世”利用整体VI系统为展览空间建构视觉语言，有效提升观众对展览的整体感知。采用燃烧的摩尔纹这一视觉形象，将“科幻世”整体视觉意象描绘为时代能量的燃烧，形成与首钢文化的呼应。“科幻世”整体视觉形象涵盖线上宣传、整体主视觉（KV）和导向标识，通过打造线上线下、馆内馆外的完整视觉体系，培养观众对“科幻世”的视觉依赖，即看到燃烧的摩尔纹，就明确自己处于“科幻世”展场，并参与观展过程。这种视觉依赖得益于视觉识别（VI）系统的完整性，从早期的线上宣传到展场内的提示，视觉语言一脉相承，VI系统的高完整度为展览的场所精神点题，使观众获得对展览整体的感知与归属感。

5. 通过对场所精神本质的具体化实现场所精神的延伸

在“科幻世”科技艺术概念展中，位于三高炉中心舞台的灯光秀采用3D-Mapping投影技术，将影像投影到三高炉炉体上，配合音乐将展览的气氛推向高潮。投影内容与三高炉环境结合紧密，用提炼的手法，通过绚丽的光波、火光四射的熔炉、工人辛勤劳作的画面，延伸至现代社会乃至未来的数字革命、人工智能探索、宇宙探寻，在短时间内浓缩时空，使工业遗址场景与灯光秀完美交融，带给人们极大的视觉心理冲击，使在场观众瞬间领会“首钢精神”的深刻内涵。投影技术与三高炉结构的形态紧密结合，也使原本静止的高炉具有了动感，随形变化使得三高炉的静止形态借助投影的动感重新活了起来，进一步明确并强化观众的体验，将工业时代的场所精神延续到当代，唤醒观众对工业时代的感官认同，感受工业时代留存下来的场所精神，实现穿越历史时空的共鸣。

四、结语

在反复打磨与完善的策展过程中，“科幻世”科技艺术概念展的展览方案持续完善，最终为观众呈现了一场工业遗址与科技艺术相融合的“嘉年华”。展览通过寓教于乐的形式，提升大众的文化自觉，使工业遗址创新性保护与创造性开发的观念更深入人心。科技与艺术的结合，不仅是一种形式的表达，还是一把打开文化遗产保护新路径的钥匙。在这个层面上，新媒体艺术还可发挥很多功用。

参考文献

[1] 沈克宁. 建筑现象学[M]. 北京：中国建筑工业出版社，2008.
[2] Norberg-Schulz C. 场所精神：迈向建筑现象学[M]. 施植明，译. 武汉：华中科技大学出版社，2010.
[3] 李佳一. 从展场到展览：中国当代艺术博物馆展览空间研究[D]. 上海：上海大学，2017.
[4] 邓波，罗丽，杨宁. 诺博格·舒尔茨的建筑现象学述评[J]. 科学技术与辩证法，2009，26(2)：54－59.

翻转摄像头：手机直播中的“感官传递”与“空间建构”

宋　乐[①]　甘雨梅[②]

【摘　要】 在一定程度上，直播是对空间的展示。随着视频媒体的不断发展、电商的加持，国内直播现象愈发火热，相关研究也不断涌现。然而，国内学术界极少从具体的互动行为出发去审视直播现象，更缺乏从具体的互动行为出发对直播中感官（senses）传递和空间感建构的分析。本文通过录制直播视频，以多模态会话分析为研究方法，以段义孚等秉持现象学路径的人文地理学者的空间与地方观为理论基础，对主播直播时“翻转摄像头”这一行为进行细致研究。研究发现，翻转摄像头这一行为不仅拓展了常规的视觉展示，同时也助力主播捕捉意外出现的有趣场景，丰富了视觉体验和互动资源，更帮助主播实现除视觉以外嗅觉、味觉、触觉等综合感官的传递，构建起线上与线下融合的地方感。这样的传播效果体现了人们对传播的需求和传播可能性的探索。

【关键词】 直播；媒介技术；翻转摄像头；感官；空间；地方

直播通常是对主播的展示，但更是对某一场景、某一空间的展示。法国哲学家加布里埃尔·马赛尔（Gabriel Marcel）曾总结道：“我们不能把一个人和他所在的地方区分开来看待，因为他自己就是那个地方[1]70。”

一、研究背景与研究问题

1. 研究背景

网络直播一般借助移动媒体（手机）进行。移动媒体的移动属性使得直播能够跟随着人移动。随处移动意味着直播的发布地可以遍布各个角落，直播就这样进入了生活世界的各个地方。打开直播 App，大量场景扑面而来，它们是对无数城市地点的再现。其中有些场景我们很熟悉，比如家庭、学校、办公室、街道、商铺等大众生活与工作场所；有些场景我们可能比较陌生，比如工厂生产流水线和海边的海产捕捞点等。无论是什么样的场景，它

---

① 巴黎理工学院高等电信学院、法国国家科学研究中心研究人员。
② 上海交通大学媒体与传播学院助理教授。

们都存在于我们的生活空间之中。直播不断生产着来自各种地点的虚拟影像，不同于短视频的是，这些影像是实时的，是一个时空借助手机与无数时空的连接。网络直播打破了固有的空间和时间格局，极大地丰富了人们对生活世界（lifeworld）[2]的体验与想象。

随着视频媒体的不断发展、电商的加持，国内直播现象愈发火爆，相关研究也不断涌现。然而，国内学术界极少从具体的互动行为出发去审视直播现象，更缺乏从具体的互动行为出发对直播中感官传递和空间感建构的分析。

2. 研究问题

手机自带相机有很多功能，比如放大画面、缩小画面、横屏、竖屏、全景拍摄、广角、滤镜、慢动作、翻转摄像头等。这些功能都有可能被主播运用。本文探究主播在直播中如何运用翻转摄像头（flipping the camera）这一功能，翻转行为在主播与观众的互动中出现的节点，它起到的作用。在现象学和存在主义哲学的空间观里，地方的本质是人的感官体验，对实时展示某一空间的直播来说，主播如何通过翻转摄像头传递感官体验，将个人的感官体验公共化，是值得探讨的话题。

二、文献探讨

1. 空间与移动媒体技术

“现代城市，其空间形式，不是让人确立家园感，而是不断地毁掉家园感，不是让人的身体和空间发生体验关系，而是让人的身体和空间发生隔离[3]128-129。”理查德·桑内特（Richard Sennett）[4]在《肉体与石头》一书中，描绘了在理性思想影响下，人们建造出的一座座与外界隔离的现代建筑。这样的现代建筑与大卫·哈维（David Harvey）所发现的人体秘密类似，如同人的动脉和静脉一样畅通且密闭。

西方哲学发展史上，从笛卡尔的“我思故我在”开始，现代意义上的主体逐步崛起。康德的“三大批判”最终在现代主义哲学中确立了以理性为根基的主体性。现代意义上的主体是具有能动性、能按照自己的意愿去追求美好生活的存在，它是确定、整体、中心且同一的。笛卡尔主义为现代城市开发提供了一种哲学上的动力：人们将一个粗暴的秩序强加给地理空间[3]127。都市作为一个他者对象，变成了人为设计、条理清晰的空间布局，这是笛卡尔哲学在城市规划和地理控制方面的表现，也是意识哲学将主体和客体对立起来的实践场域[3]128。在这样的城市结构中，人丧失了对空间的体验。人们难以对按照理性原则建造出的单调、雷同且结构一致的城市产生认同感、归属感和家园概念。标准化的规划根除了因地域和空间的不同所带来的人自身的独特性。

传统媒介研究同样没能对空间予以足够的重视，相反，在马歇尔·麦克卢汉（Marshall McLuhan）“媒介是人的延伸”和齐格蒙特·鲍曼（Zygmunt Bauman）“流动的现代性”（liquid modernity）的理论预设下，空间是被征服的对象。媒介研究范式往往聚焦于媒体如何在新的层面加速着空间的消亡，约书亚·梅罗维茨（Joshua Meyrowitz）提出的“消失的地域”（no sense of place）正是对电视跨越时空将远距离场景带到人们面前这一现象的盛赞。

然而移动媒体的一个重要特点便是与地方的深度勾连，最明显的一个例子便是LBS(location-based service，基于位置服务)的运用。LBS将媒体与实体空间紧密相连，因而我们能够通过手机智能地识别、显示地理位置，一个典型的例子是微信朋友圈的定位。朋友圈好友发布图文信息并标注定位，图片与文字是虚拟的符号，定位又让这种符号与现实地点相勾连。这样，通过文字的描述、图片的呈现与位置的展示，用户在虚拟媒介中得到了自我的再现，这是人类一种新的"在场"(being present)[5]。移动媒体的研究者对约会软件、手机游戏、谷歌地图等位置感知技术支撑的移动媒介进行了各种各样的定性定量分析，探究人、技术、移动、社交与空间之间的关系。金晶通过研究移动媒介对城市博物馆的介入，认为移动媒介打破了博物馆封闭的空间，摇撼了博物馆空间对观众的控制和权力，促使传统的观展模式发生了改变，推动封闭的空间走向更适合现代艺术的开放式空间。斯科特·麦奎尔(Scott McQuire)在他的著作《地理媒介》一书中介绍了"地理媒介"(geomedia)的概念。他指出，移动媒体能在多大程度上征服空间，就能同时在多大程度上制造空间。席瓦尔(Adriana de Souza e Silva)等分析了移动传播如何凭借社交网络的绘图(mapping)作用重塑城市空间。克里斯蒂安·利科普(Christian Licoppe)等研究了欧美交友软件Grindr后提出，位置可感知的交友软件让整个城市变成一个虚实叠加的"捕猎场"(hunting pool)[6]。埃里克·劳瑞尔(Eric Laurier)等研究了被手机中介化的人的行走行为，提出带着App行走的新主体间性。还有研究聚焦于共享单车和移动支付等移动技术，比如，陈鑫盛认为共享单车共享的不仅仅是实体的自行车，在工具属性之外，还共享着信息、情感和新的城市生活方式。这一部分的研究偏重于从技术角度去解释移动媒体对人与空间关系的重构，研究者们看到了移动互联网时代实体空间意义的回归，"地方""位置"等空间元素重新介入人们的日常生活，并回归传播学研究范畴。

移动视频媒介对空间的呈现更加直观。除了定位功能，视频对场景的直观再现冲击着用户的视觉感官，构建着用户对特定地方的想象。虚拟信息场景与现实空间深度勾连，形成物理—数字(physical-digital)的混合体(hybrid actant)，重构着人们对生活空间的经验与想象，也催生了新的地方感，构建起恋地情节(topophilia，又译"地方之爱")[7]。

2. 理论视角——现象学视野下的空间观

秉持现象学路径的人文地理学者，都从海德格尔的现象学意义出发，强调"地方"(又译地点)(place)与"空间"(space)对人类"存有"(dasein)的意义[8]。空间不仅仅是物理性的，米歇尔·德·塞托(Michel de Certeau)提出空间是一个"被实践的地点"(a practiced place)[9]，列斐伏尔(Henri Lefebvre)认为"(社会)空间是(社会)产物"(space is production)[10]，包含"感知的、构想的和生活的空间"(perceived, conceived, and lived space)三个范畴。W. J. T. 米切尔(William John Thoms Mitchell)考察"空间""地方"和"风景"(landscape)的关系时提出"一片风景就是一个空间，或是一个地方的景色"(A landscape just is a space, or the view of a place)[11]2。他在《风景与权力》一书中展示了媒介(mediations)(包括写作、记忆、想象)如何生成一个"人类空间"(human space)，也就是一个空间/地方/风景的复合体(a space/place/landscape complex)[11]6。

作为现象学路径人文地理学者的代表人物，段义孚在《空间与地方》一书中指出，“身体”(body)这个词马上能唤起一种对物而非对人类的记忆。身体是一个“它”，它存在于空间之中，或者说占据了一定的空间。身体是“活生生的身体”，而空间是由人类建构的。列斐伏尔认为，“我的空间”不是构成我的文本性的那一上下文，而首先是我的整个身体的上下文[12]。

段义孚同时认为，空间感的构建依赖人的视觉、嗅觉、味觉、听觉、触觉、动觉等身体的感官系统[13]223，他在《恋地情节》中提到，当一个人认识世界的时候，全部的感官都在同步起作用[13]13。加拿大人文地理学者爱德华·雷尔夫(Edward Relph)在《地方与无地方》一书中也认为，地方并非孤立存在等待我们去经历的事物，也不是一个可以被清晰界定的物体，可供我们一目了然地用位置和外貌去描述。我们所感知到的地方都置于纷繁芜杂的风景中，存在于各种各样的仪式和惯例里，也体现在他者的经验、个体性的经验、人们对家园的关怀里，甚至也在其他地方构成的背景里体现出来。他认为应该将地方视为人类经验里有着诸多方面的现象，并考察地方所具有的多种属性，诸如位置、景观，以及个人的参与[1]46。

本文将依据上述理论，通过对数据的分析，探究主播们如何将私有或个人对地方的感官经验，借助直播，在共享的当下时间里，转化为公共性的经验，甚至构建出各种新的共同体。

三、研究方法与数据

在本文中，我们首先对直播视频进行录屏，然后对所获取的视频数据按照一定规范进行转写，再运用多模态会话分析(multimodal conversation analysis)的方法展开分析。多模态会话分析是社会科学中的一种研究方法，植根于常人方法学(ethnomethodology)，旨在描述、分析和理解作为“人类社会生活的基本和构成特征”的互动(interaction as “a basic and constitutive feature of human social life”)。多模态会话分析学者认为，互动行为不是既定的、先验的存在，而是在每时每刻(moment-by-moment)的场景结构(contextual configuration)中，不断展开(unfold)和生成(emerge)的。

我们选取的直播平台为Periscope(已于2021年4月被推特收购)。Periscope为一家美国的直播平台，主播和观众来自全球各地。相比国内直播平台更侧重商业带货功能的特点，Periscope的直播更倾向于主播对自己日常生活的展示，因而更便于进行互动行为分析。我们录下了35位主播的85段直播，这些主播分布于全球各地，肤色和人种各异。我们主要遵循了两条标准对主播和直播进行筛选：其一，主播直播时使用的语言主要为英语或汉语；其二，单次直播时长不少于2分钟，以确保直播中有足够多可供观察的互动行为。除此以外，主播和直播皆为随机选取。

由于要对“翻转摄像头”这一行为进行研究，我们对所有数据进行了筛选，并挑选出部分数据进行转写。在我们的转写规则中，“S”代表“streamer”(主播)，粗体代表观众的弹幕或语音。

四、研究发现

展示(showing)是直播的最基本功能,对自身所在地的视觉展示也是重要的直播类型。小到展示自己的卧室,大到向全球观众展示自己国家的美丽山水,Periscope 直播平台上充满了风景直播。

雷尔夫认为地方具备某种物质和视觉上的形式,也就是景观[1]48。海德格尔在关于地方、家园,以及天、地、神、人之间关系的本体论阐述中,也极力强调景观的视觉属性,并列举了桥梁、希腊神庙、黑森林里的农舍等例子[1]49。

1. 翻转摄像头——人与环境的视觉转换

```
wag: "SAFE" for the moment
mie: Very nice
  S: £S:afe for the moment£, hahaha, somehow, yeah (.)
     sure (2.0) well, they used to be allowed. You will
     be becoming from Japan. Japan is on the safe
     list(1.0). So(3.0)
  S: ((pans slowly to the left #1))
  S:  you could actually travel :h
     all right(.)so::
  S: ((pans fast to the right #2))
  S: ((flips the camera #3))
wag: Really??
  S: ((greeting gesture #4))
  S: I'll see y-
     yeah Japan is on the safe list as far as I know (.)
x_a: It's a very serene place
  S: yeah you 'll have to check that one more but the EU
     safe list e:r (0.5) we have Japan on it (.) I think so.
```

#1 #2 #3 #4

图 1 多模态视频转写片段一

该直播发生于 2020 年 8 月。主播来自瑞士,在该直播中,他正在为观众展示瑞士的某个湖。主播是一位喜爱全球旅行的瑞士人,但是受当时欧盟政策影响,他那段时间基本上只待在瑞士,而瑞士以及欧盟以外的游客也不再那么容易进入瑞士旅行。在这样的背景下,直播为全球观众搭建了一个虚拟的观光平台。

该段转写的位置接近于该段直播的结束部分,本段直播总时长 7 分多钟。主播在对湖景进行展示之后,准备结束直播。视频转写第一行是观众“wag”发出的一句弹幕“‘SAFE’ for the moment”。在此之前,有观众通过弹幕问游客是否被允许进入瑞士旅行。主播提到大部分国家的游客不被允许,只有欧盟国家除外,以及大概 15 个被欧盟列入“安全名单”

(safe list)的国家。wag 就此说到“暂时的‘安全’(名单)”。主播看到弹幕之后,先是笑着念了一遍 wag 的弹幕“‘Safe’ for the moment”,之后做出回应(第 3—6 行)。这也符合直播互动模式的一个常见现象,即主播回应观众弹幕时,通常是”先念一遍再回应”(read and respond)。回应中,主播先是用“somehow”以及“yeah”“sure”等附和符号(affiliation token)肯定了 wag 的说法,然后提到 wag 来自日本,日本在安全名单上(主播知道 wag 是一位身处日本的观众),并且表示“你是可以来旅行的”(you could actually travel)(第 9 行)。第 6 行的“so”和“you could actually travel”之间有 3 秒的停顿),在此期间,主播缓缓地将手机镜头从右移向左对湖进行全景展示(第 8 行,图 1 中的#1)。

紧接着,主播发出“all right”作为一个预结束标记(pre-closing maker),预示着之前话题的结束,并宣告潜在的结束序列的开始;后面的“so”作为话语标记词(discourse maker)起到同样的作用,它不仅意味着一个结束序列开启行为(sequence-initiating action)的到来,也给观众这样一个印象:结束直播的行为是自然而顺畅发生的,而不是在当前的谈话中突然以及偶然地出现。说完“so”之后,主播没有马上说话,从画面可以看出,他先是比较快速地(相对第 8 行)将手机镜头从左移向右(第 11 行,图 1 中的#2)。这次的镜头移动并非出于展示风景,更像是回到初始位置,或是找到一个比较适合结束直播的角度。在完成第 11 行的镜头移动之后,主播在第 12 行做出了反转镜头的动作,并且展示出了自己的脸(图 1 中的#3)。在视频交流(video communication)中,这样展示人物头像的画面被一些学者称为“讲话的头”(talking head),即视频互动(video-in-interaction)的组织结构特点遵循这样一个准则:把当前讲话人的脸展示在屏幕上(show the face of the current speaker on screen)。之后在第 14 行,主播做出了一个如同面对面互动中挥手告别的手势(图 1 中的#4),并在第 15 行紧接着说“I'll see you”这样的结束宣告(closing announcement),以作告别。然而,由于看到了第 13 行观众“wag”的弹幕“Really??”,主播自我打断了(self interrupt)正在说的话(utterance),变为“I'll see y-”,并回复“wag”(第 16、18、19 行),这样就重提了之前的话题(reinvocation),暂时移出了(move out of)已经开启的结束序列(closing sequence)。从时间节点来看,wag 在这里回应的是主播在第 3—6 行的话,尤其是第 5—6 行提到的日本也在安全名单上(Japan is on the safe list)。主播不仅看到了这条弹幕,从接下来的回答也能明显看出,他理解了 wag 的疑问点。主播说到“就我所知到的来讲日本的确是在安全名单上”(第 15 行),并进一步解释说“你需要再查看一下,但是就欧盟版的安全名单来说,上面是有日本的。我是这么认为的”(第 17—18 行)。wag 之所以会对此有疑问,可以从该转写片段之后的互动看出来。因为 wag 身在日本,他在后来也说到,自己认为日本当时的形势并不乐观,因而当他听到主播说日本也在安全名单时,才发出了“Really??”的质疑。

在主播回应 wag 的疑问期间,我们看到第 17 行观众“x_a”发出了一条“It's very serene place”的弹幕,该弹幕类似第 2 行观众“mie”以程度副词“very”加形容词“nice”的形式发出的弹幕,都是对直播画面所呈现景观的积极评价(positive assessment)。

法国哲学家加布里埃尔·马赛尔曾总结道:“我们不能把一个人和他所在的地方区分开来看待,因为他自己就是那个地方。”在直播视频中,主播通过镜头的反转,实现了从自身所处环境到自身的流畅转变。虽然由于直播内容各异,不会像普通视频通话那样长时间以“talking head”的形式呈现,但是“talking head”作为一种互动倾向(orientation),始终是直播互动的出发点和归宿点。由于手机的手持特性(也可以通过自拍杆有限延伸距离,无人机直播因视野范围差异将另做讨论),主播在利用手机直播时,展示的风景范围有限,基本上只能展示自身可感知的景观。主播会运用手机技术可供性(affordance)带来的各种”运镜”(camera action)操作,如翻转镜头(flips)、放大(zoom in)、缩小(zoom out)、横屏(landscape)、竖屏(portrait)、滤镜(filter),在手臂、自拍杆或身体行动范围内移动等等。

本案例中,主播通过反转镜头,向观众展示自己所在的地方,观众看到主播本人和他所在的环境,并围绕这样的景观展开话题(如入境政策、对日本情况的看法、景色很美等)。主播将这样一片遥远的物质风景通过手机媒体呈现给全世界,并展开讨论,赋予了这片景色公共性。

2. 翻转摄像头——从视觉到多元感观体验

下面的案例展示的是通过摄像头的翻转,主播不仅可以将视觉体验公共化,还可以将味觉、嗅觉和触觉等更丰富的私人感官公共化。

该直播发生在美国。主播驱车前往百货超市购物,结束之后坐在车里为大家直播展示刚刚买到的一些东西。在该段直播中,主播正在为大家展示一盒土耳其软糖(Turkish delights)。主播不仅当场打开了包装盒,还拿起了几颗品尝了起来。此时,软糖成为直播中重要的互动资源(resources)。不同于之前的互动模式,在该直播中,观众“Rus”是以语音而非文字形式跟主播互动。其他观众依然通过弹幕与主播互动,只不过在转写所呈现的这段直播中,并没有弹幕出现,因此主播在这段时间里基本只是与“Rus”进行互动。当观众与主播接通语音后,其账号头像会出现在屏幕的左上角,在转写的截图中,左上角的头像为“Rus”的头像。

从图 2 中的♯1 和♯2 可以看到,在转写的开始部分,主播已经打开了软糖的包装,并用右手食指和大拇指捏起其中一颗,将它呈现在屏幕画面中央的位置。主播一边展示一边形容他所看到的物品,发出了一个反应惊叹词(response cry token)“Wow”,并描述它的外貌——“被东西慢慢地覆盖着”(it's fully, fully covered in this stuff)。不同于♯1 的是,在♯2 中,主播稍稍转动拿捏角度,使得软糖更立体地呈现在画面中,同时手处于更向下的位置,似乎想让软糖成为画面唯一的焦点,或许主播只是为了让镜头更好地聚焦。无论如何,主播的这种展示方式与他利用手机背面的镜头有关——此刻手机位于主播的眼睛和捏软糖的手之间,手捏软糖处在手机的背面,主播时刻注视着(monitoring)屏幕上的实时画面。这一技巧性操作(artful manipulation)通过主播的眼睛、手(及软糖)和手机之间的相互位置,以及主播的话语和具身行为(embodied action)完成。如果主播利用的是前置摄像头,他会因手的遮挡而无法顺畅地达成对屏幕画面的视觉接触(visual access),也会因拿捏软糖动作是向上的而无法达成更好的展示(通过前置镜头展示需要向下)。

```
1     S: *#1Wow, it's (.) fully, fully covered in this stuff#2
         *#1pinching the delight in front of the cam; #2switching a bit
         the way he shows the delight-----------------------------------
         ---------------------------------------------------→
```

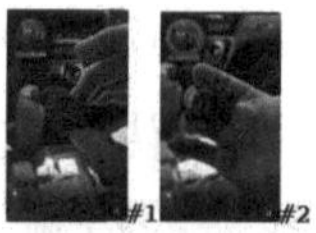

```
2   Rus: Looks like (.) (hebe-hebesks) *petals, ye[ah,=
         ----------------------------→*
3     S: ((flips the camera))#3
```

```
4     S:                                          [Right
5   Rus: =probably
6     S: Yeah
7     S: ((Showing the food))#4 but I think it's ro::se >petal<
```

```
8   Rus: Rose? (2.0)((S puts the snack into mouth#5))((S bites part
9        of it and withdraws gaze from son #6))
```

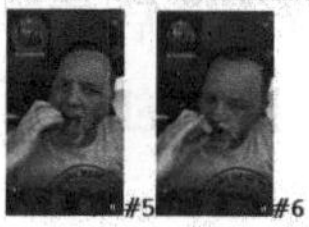

```
10  Rus: Rose#7 should smell#8 like ro#9se. D[oes it smell
11       like rose?
12    S:                                    [oh my gosh,
13        hehe ((slightly taps the food several times))#10
```

```
14    S: ((smells the food#11))
```

```
15    S: Yeah, and it tastes like rose. It has-it has real rose
16        petals on it. It's like jelly, kind of.
```

图 2　多模态视频转写片段二

观众"Rus"也对画面做出了回应,在第 2 行,他说软糖看起来像是某物的花瓣(Rus 来自俄罗斯,他的讲话中部分无法识别的词汇或为俄语),并在话轮(turn)末尾位置发出一个"yeah",表示对自己的肯定。但在第 4 行主播的附和"right"之后,他又说"probably"(第 5 行)。这体现了谈话互动中(talk-in-interaction)中,交际者的话轮设计(turn design)随实际情境而展现出的不确定性(contingencies)。

接下来的展示中,主播将摄像机镜头翻转,出现了与第 1 行不同的技巧性操作(artful

manipulation)。在第 3 行,主播将摄像头翻转,呈现出#3 的"讲话的头"构型(talking head configuration)。不同于之前,这时主播和手中的物体都出现在了屏幕的同一侧。在翻转镜头并调整过画面后,主播捏起软糖,将其呈现在大约画面中心的位置(第 7 行,#4),这是一个运用具身行为进行的展示。展示的同时,主播说"可我认为这是玫瑰花瓣"(but I think it's rose petal)(第 7 行),以回应上文第 2 行 Rus 对花瓣的猜测。听到后,Rus 紧接着在第 8、10 和 11 行回应说,如果是玫瑰的话应该闻起来像玫瑰,并问主播:"does it smell like rose?"在 Rus 说话之时,主播正将软糖放到嘴中吃(#5),他的眼神从屏幕上抽离(withdraw)。人在品尝(tasting)东西时,眼神的抽离意味着他将要进入一个为品尝而建立的个人空间(personal space)。他咬下第一口(#6),一边嚼一边看着手中剩下的软糖(#7),之后他睁大了眼睛,重新注视屏幕,脸上呈现出一副极富戏剧性的吃惊的表情(#8);紧接着,他把眼睛睁得更大(#9),并发出一句反应惊叹(response cry):"Oh, my gosh"(第 12 行)。随着主播发出"呵呵"声并用食指轻点几下剩下的软糖(#10),同时他听到了 Rus 的话,于是他把软糖贴近鼻子,一边看着屏幕一边做出闻的动作(第 14 行,#11),并随即回应:"是的,它尝起来像玫瑰。它上面有真的玫瑰花瓣。它有点像果冻"(第 15—16 行)。在第 15—16 行的回应中,包含了主播经过上述一系列感官体验后的综合评价:"tastes like rose"着重味觉,"it has real rose petals"也着重味觉,"it's like jelly"则主要是触觉和味觉。至于视觉,则是贯穿始终的感官体验。

这是与主播私下独自品尝食物或面对面地品尝食物非常不同的媒介行为。因为直播的存在,主播拥有一批观众。虽然主播并不能"看到"他们,但他知道自己在被看,因此主播被放置在一个比日常生活中自我呈现的"舞台"(stage)更大的舞台上。主播需要通过手机,运用自己的语言和身体(body)行为,向观众展演他手中可感知物(sensory object)——软糖。通过直播,主播将视觉、嗅觉、味觉、触觉这些私人的感觉转变为可实时讨论的、公共性的事物。并且,与普通视频中的吃不一样的是,直播中的吃是实时发生的,并且正在进行着与观众的实时互动。它通过直播,直接连接起观众和主播所在的空间。观众得以在遥远的其他地方,与主播所在地进行互动。他们不仅能通过摄像头的运用看见这个地方的景观,同样也能感受到这个地方的更多层面。

摄像头的翻转不仅是为了充分利用手机摄像头所能达到的对空间的视觉展示,它更方便了空间、主播及其身边物的影像呈现,并传达出更丰富的感官经验。正是通过各种运镜方式,主播得以拥有更丰富的互动资源(resources)(谈话、具身行为、自己、风景、动物、食物等)和更丰富的视角呈现。在这样反复的媒介实践中,物理空间的社会化使主播不仅展示真实的物理空间,也通过方寸屏幕构建了一个局部生态(local ecology),一个线上线下深度勾连的新地方。

五、讨论

雷尔夫认为,随着居住时长的增加,人们对家园的依附感不断增强,这种依附主要"在于人与人之间的关系，而不是人与物质环境之间的关系”。换句话说，“地方的本质是人，而外观与风景只是微不足道的背景而已”[1]53-54。

这尤其体现在景观里，景观成为相互交流的媒介。利科普认为，在视频通话中，对个人物品的展示可以成为“获得远距离亲密感”的重要资源(Showing personal objects on video thus appears to constitute a powerful resource for “doing-intimacy-at-a-distance”)。而在直播互动中，对地方景物的讨论可以加深共同体的建构。借助景观，所有的要素都具有了意义，包括街道、游行队伍、乡村足球队等，它们不仅将共同体联系在一起，也让整个共同体的意义呈现在人们的眼前。总之，人就是地方，地方就是人。尽管在概念上两者可以区分，但在经验的层面上，两者很难区分。所以，地方是公共性的。地方因人们共有的经验而被建造和被认知，地方内部也存在着共同的符号与意义[1]55。相信未来虚拟现实和人工智能等技术进步会带来对另一时空更全息的感官体验，技术上也更加成熟和顺畅。

注：本文转写规范(transcription conventions)中谈话(talk)的转写依照斯蒂芬妮·杰弗逊(Stephanie Jefferson)的转写规范；具身行为(embodied conduct)的转写依照罗伦萨·蒙达(Lorenza Mondada)的转写规范。

参考文献

[1] 雷尔夫. 地方与无地方[M]. 刘苏，相欣奕，译. 北京：商务印书馆，2021.
[2] 阎峰. 场景即生活世界：媒介化社会视野中的场景传播研究[M]. 上海：上海交通大学出版社，2018.
[3] 汪民安. 身体、空间与后现代性[M]. 南京：江苏人民出版社，2005.
[4] 桑内特. 肉体与石头：西方文明中的身体与城市[M]. 黄煜文，译. 上海：上海译文出版社，2006：254.
[5] 郭建斌. “在场”：一个基于中国经验的媒体人类学概念[J]. 新闻与传播研究，2019，26(11)：37－54＋127.
[6] Licoppe C, Morel J. Visuality, text and talk, and the systematic organization of interaction in periscope live video streams [J]. Discourse studies, 2018，20(5)：637－665.
[7] Tuan Y. Topophilia: a study of environmental perception, attitudes, and values [M]. New York: Columbia University Press, 1974：2.
[8] 孙玮. 微信：中国人的“在世存有”[J]. 学术月刊，2015，47(12)：5－18.
[9] 塞托. 日常生活实践(1. 实践的艺术)[M]. 方琳琳，译. 南京：南京大学出版社，2009：174.
[10] Lefebvre H. The Production of Space [M]. trans. by Donald Nicholson-Smith. Oxford: Blackwell LTD., 1991：26.
[11] 米切尔. 风景与权力[M]. 杨丽，万信琼，译. 南京：译林出版社，2014.
[12] 陆兴华. 人类世与平台城市[M]. 南京：南京大学出版社，2021.
[13] 段义孚. 空间与地方[M]. 北京：中国人民大学出版社，2017.

泛知识类短视频的兴起与线上图书营销的媒介化叙事:对三个抖音书单号的分析

钱烨夫[①] 徐 剑[②]

【摘 要】 本文聚焦抖音平台的三个书单号,关注其依托短视频开展图书营销的现象,将其视为在泛知识类短视频快速兴起以及基于短视频的线上图书营销如火如荼的双重背景下出现的传播实践行为,并由此探讨泛知识类短视频的内容叙事与线上图书营销手段互生共嵌的媒介化过程。在从边界、环境、内容三个维度对泛知识短视频进行界定的基础上,本文通过对研究对象短视频的主题、叙事策略考察,以及基于内容文本的质性分析,发现书单号的短视频内容生产呈现出典型的泛知识特征,情绪共享、知识焦虑、成就动机已成为书单号泛知识类短视频主要采用的三类叙事策略。由此,本文尝试性地提出了泛知识类短视频生产与线上图书营销"双向驯化"的媒介化过程。本文的研究进一步表明,书单号泛知识的内容生产和传播实践受到图书营销和平台商业文化的影响,其叙事空间进一步窄化,导致出现内容同质化、空泛化等传播异象。这一研究有助于我们洞察移动互联背景下泛知识类短视频与图书营销结合的局限性,从而为未来的短视频图书营销提供更多的观察窗口与反思视角。

【关键词】 泛知识;图书营销;媒介化;叙事策略;书单号

随着短视频作为一种底层内容形态向更加广泛的应用场景渗透,场景化、互动化传播成为视频内容生产者关注的重要方向[1],而通过短视频进行学习和获取知识无疑是短视频作为一种媒介形态嵌入人们日常生活的重要体现。在这样的背景下,围绕泛知识内容的短视频近年来出现了快速兴起的趋势。依据中国广视索福瑞媒介研究(CSM)发布的《短视频用户价值调研报告(2020)》显示,泛知识类短视频向用户输出更多经验性与实用性内容,带给用户的不仅是短期的视觉刺激,更能让用户收获长期价值,因此获得用户青睐(88.4%的用户期望通过短视频学习到知识)[2]。而根据好看视频披露的数据,过去一年,泛知识短视频分发占好看视频全平台的42%,泛知识类视频在"05后"群体中最受欢迎,整体呈现越年轻越爱知识的特点[3]。可见,泛知识已经成为当下短视频内容生态发展的一个重要标签。

---

① 上海交通大学媒体与传播学院博士研究生。

② 上海交通大学媒体与传播学院研究员、博士生导师,中国城市治理研究院副院长。

更为重要的是,随着短视频图书营销的兴起,泛知识类短视频已经逐步从简单的内容形态转向连通图书产业的多元媒介化营销工具。依托于平台搭建的营销功能,越来越多的图书销售渠道开始与泛知识类短视频深度互嵌,视频内容生产与图书产业之间开始发生深层的相互形塑作用。本文力图分析这一背景下,以图书营销为目的的短视频内容生产者在建构泛知识类内容的过程中,如何将媒介化的叙事策略与其传播实践相结合,并由此影响和形塑泛知识类短视频的内容生态与线上图书营销的具体过程。

一、作为泛知识的短视频

尽管泛知识作为一种快速兴起的内容形态已经在各大短视频平台如火如荼地铺开,但纵观各界对泛知识的讨论,目前仍然缺少能够准确描述泛知识的具体定义,导致这一概念长期以来处于一种模糊状态。本文认为,对泛知识的定义可以从知识社会学的视角入手,并需要涵盖知识的边界、环境、内容三个维度。

1. “边界消融”:短视频与知识边界的重构

在知识社会学谱系中,知识是一个相当宽泛的概念,几乎包含所有的人类文化产物[4]。

早在 19 世纪,美国心理学家威廉·詹姆斯(William James)就提出,知识可以分为“熟识性知识”(knowledge of acquaintance)与“理解性知识”(knowledge about)两大类。其中“熟识性知识”是指因个体的实践经历或无意识行为而形成习惯、习俗等私人化的经验性知识;而“理解性知识”则是更加正式的、系统性的知识,包括一般意义下的科学知识,体现了人类对自然和特定事物的探索。在此基础上,社会学家罗伯特·E. 帕克(Robert E. Park)提出,知识可以被视为一个连续区(continuum),任何类型的知识都可以在其中找到自己的位置[5]。由此,帕克认为在人类的信息实用需求和文化精神需求的双重需求下诞生的新闻,兼有两种知识类型的特点[6],也应当存在于知识的连续区之内,作为一种知识形式而存在。顺此而下,我们不难发现,短视频实质上是传播技术飞速发展下诞生的一种新的内容形态,它通过自身“短”而“快”的特征满足了用户快速获取信息的需求,又通过丰富的视觉和听觉元素极大地拓展了知识的语言特性。在这样的背景下,短视频不仅作为一种新的知识形式出现,而且能够依托去中心化的创作者和强大的媒介工具极大地扩张知识内容的版图——除了严谨系统的各种学科的知识介绍,用户也能够看到他人自身生活经验的分享以及对社会方方面面的感知。因此,当短视频作为一种知识形态出现时,必然伴随着知识边界的不断泛化。在将不同类型知识的界限溶解的同时,短视频又进一步拓展了知识的基础与内涵。

2. “泛在环境”:短视频与知识获取方式的变革

2003 年,美国国家科学基金会(NSF)在《知识在信息中迷失》研究报告中首次正式提出“泛在知识环境”(ubiquitous knowledge environment)的概念[7]。泛在即广泛存在,它描述了一种由互联网、软硬件设施、信息资源等要素共同组成的新型知识环境。在这种环境下,知识作为一种无所不在的“信息以太”(information ether)[8]而存在,用户可以在任何地点、无远弗届地随时获取各种类型的知识。

随着5G等信息技术的飞速进步,移动互联网技术变革带来了传播形式的迭代,以短视频为代表的新型传播样态随之快速兴起。由中国互联网络信息中心(CNNIC)发布的第47次《中国互联网络发展状况统计报告》显示,截至2020年12月,我国网络视频用户规模达9.27亿,其中短视频用户规模为8.73亿,较2020年3月增长1.00亿,占网民整体的88.3%。在此背景下,以泛知识为主题的短视频内容的大量生产制造了更加丰富多元的知识样态,与多终端、多界面的移动设备、云计算构建的信息资源等共同建构起全新的泛在化知识环境。由此,知识获取从书本、课堂等传统渠道以及以文本、图片为核心的传播介质向着基于移动互联技术的智能终端和以短视频为核心的可视化、可听化的信息交互方式快速迁移。知识获取的场景也在快速发生变化——数据显示,在2021年5月,有超过7855万用户在B站学习,占月活用户的约35%。可见,基于移动互联与视频平台的泛在式学习环境已在很大程度上补充甚至替代了传统的基于书本和课堂的物理学习空间。

3. "内容泛化":短视频与知识内容生产的同质化与空泛化

研究显示,基于算法式个性化推荐的短视频信息流推送机制,容易使用户产生情境化、沉浸式的阅读体验[9]。在这样的阅读状态下,浏览泛知识类短视频往往可以使人产生有效获取知识的感觉,但长此以往则易导致用户无法集中精力进行系统性的学习和独立性的思考。然而,在"流量为王""吸粉至上"等商业因素的裹挟下,短视频携带的知识内容快速泛化甚至空泛化,质量导致良莠不齐、内容粗制滥造、结构不成体系的"伪知识"被包装和美化成所谓的知识,依托短视频平台快速传播。一方面,泛知识内容同质化严重,大量短视频生产者成为内容的"搬运工",并且衍生出大量的内容侵权问题。12426版权监测中心发布的《2020中国网络短视频版权监测报告》显示,2019年1月—2020年10月累计监测到3009.52万条侵权短视频,独家原创作者被侵权率高达92.9%[10]。另一方面,由于大量非专业背景的视频创作者涌入泛知识类短视频内容的生产赛道,导致"伪科学"等具有误导特征的知识大肆传播,极大地威胁了短视频的知识内容生态。由中国青年报社社会调查中心组织开展的网上调查显示,内容同质化(63.9%)、伪科学泛滥(50.3%)、难以借此系统学习(47.3%)和不利于独立思考(26.2%)等已成为泛知识类短视频存在的最为集中的问题[11]。

二、研究方法及分析资料

在短视频平台的各类泛知识类视频中,有一类图书推荐类短视频博主将泛知识类的短视频内容与图书营销推荐进行了有效结合,从而为本文提供了一个典型的观察窗口。近两年来,短视频"带货"售书的商业活动在抖音等短视频平台快速增长,并由此衍生出了大量专门制作短视频,并通过在短视频中内嵌图书售卖链接的视频账户,这些视频账户被称为书单号。短视频作者可通过平台提供的图书资源将图书商品链接内嵌至短视频页面,继而赚取佣金。此类短视频博主依托平台和自身的短视频内容,扮演着内容创作生产、图书推销和销售中介的多重角色。那么,在这一过程中,书单号是通过怎样的内容传播"唤起"用户的知识获取需求并由此实现图书购买行为的？其内容叙事又具有怎样的特征？短视频所构建的泛知识情境对于知识付费产生了怎样的影响？其背后的媒介化过程是如何“再塑”图书销售这一社会活动的？本文试图以短视频平台的书单号为切入口，对其内容进行分析，继而回答上述研究问题。

抖音是目前短视频 App 中体量较大的一款产品，是中国目前较为典型的短视频社区。截至 2020 年 1 月，抖音的日活跃用户数已经超过 4 亿[12]。本文以“图书推荐”“好书”等关键词在抖音平台进行搜索，根据粉丝数排行、账户类型以及账户发布的视频内容进行筛选，最终选定了三个典型的书单号作为研究对象：A 阅读(108.0 万粉丝)、B 读书(462.0 万粉丝)、小 C 读书(228.5 万粉丝)。三个账号生产的图书推介短视频内容全部由短视频博主真人出镜，以第一视角讲述的方式辅以图片和文字进行泛知识的介绍、描述和讲解，并广泛融合了图书推荐和销售内容。

需要说明的是，尽管书单号短视频账户生产的内容以图书推荐为主，但不可避免地带有少量个人生活、其他种类的商品营销等与本研究无关的短视频内容。为避免其他类型的视频对分析产生干扰，本文选取了以上书单号 2020 年 9 月 1 日—2021 年 9 月 1 日所有内嵌了图书购买链接的短视频作为分析样本，共计 261 条，其中 A 阅读 74 条，B 读书 124 条，小 C 读书 63 条。

上述短视频内容构成了本文的分析资料。结合泛知识类短视频多模态、叙事性强的特征，本文采用了定量与质性相结合的分析方法。在定量部分，主要通过对短视频的内容主题、叙事策略等属性进行编码，以获取对分析对象整体的量化描述。质性分析部分则侧重于对短视频内容的文本分析、话语分析及其叙事特征的定性描述。

三、媒介化书单:泛知识类短视频与线上图书营销的相遇

本文首先尝试对三个书单号发布的图书营销泛知识类短视频按照主题进行内容分析，发现其涵盖的主题范围非常大，符合泛知识的边界消融特质。表 1 是对研究对象泛知识短视频内容主题的统计分析。

表 1　三个抖音书单号泛知识类短视频主题的分布状况(单位:条,括号内为占比)

	A 阅读	B 读书	小 C 读书	合计
人生哲理	11(14.86%)	19(15.32%)	7(11.11%)	37(14.18%)
沟通表达	24(32.43%)	16(12.90%)	2(3.17%)	42(16.09%)
投资理财	15(20.27%)	7(5.65%)	0(0.00%)	22(8.43%)
学习教育	2(2.70%)	9(7.26%)	5(7.94%)	16(6.13%)
历史人文	9(12.16%)	35(28.23%)	23(36.51%)	57(21.84%)

(续表)

	A阅读	B读书	小C读书	合计
科学科普	7(9.46%)	5(4.03%)	4(6.35%)	29(11.11%)
心理健康	3(4.05%)	18(14.52%)	7(11.11%)	28(10.73%)
文学诗词	3(4.05%)	15(12.10%)	15(23.81%)	30(11.49%)
合计	74(100.00%)	124(100.00%)	63(100.00%)	261(100.00%)

仅就分析对象而言,围绕图书推荐所形成的泛知识集群,涵盖了人生哲理、沟通表达、投资理财、学习教育、历史人文、科学科普、心理健康、文学诗词等常见的知识领域。知识的边界在很大程度上变得泛化,核心知识和外围知识领域的边界都逐渐趋于模糊[13]。对于书单号呈现的泛知识类短视频主题而言,不同的书单号因其定位与受众的不同而呈现出较为鲜明的区别特征。真人出镜的短视频结合了视频博主的个人形象与声音,有利于传递博主的整体形象,满足观众对他们的人设构想,适合进行更具现场感的、可沉浸的温度讲述。

研究发现,三个抖音书单号在生产泛知识类短视频时都有各自的侧重点,从而更加鲜明地树立起自身的"人设"。A阅读主要侧重于面向沟通表达、投资理财、人生哲理的实用性知识;B读书擅于生产历史人文、人生哲理、心理健康等主题的情感偏向内容;而小C读书则侧重于历史人文以及文学诗词等"文艺范"主题。相对而言,系统性、客观性的科学知识反而不是以图书营销为目标的泛知识类短视频关注的重点,科学科普类短视频在三个博主的视频生产中均占比不高,分别为9.46%、4.03%、6.35%。

虽然泛知识类的短视频种类具有长尾效应,为了更加精准地推荐图书,书单号视频博主往往能够挖掘到小众冷门的知识点,使得泛知识的空白地带不断被填补。然而,其中一些最受用户关注头部内容常有扎堆现象,同质性输出的现象较为严重,并出现了一些明显粗制滥造或带有误导性质的泛知识内容,深刻反映了泛知识背景下短视频内容的同质化与空泛化。本文分析了三个抖音书单号泛知识类短视频的高度同质化内容,发现占比均超过25%以上。实用性较强、容易吸引受众的内容反复推送,在一定程度上影响了整体的视频质量(见表2)。

表2　三个抖音书单号泛知识类短视频的高度同质化内容(单位:条,括号内为占比)

	A阅读	B读书	小C读书	合计
高度同质化内容条数	23(31.08%)	32(25.80%)	17(26.98%)	72(27.59%)

四、泛知识短视频的媒介化叙事

媒介化(mediatization)作为探讨技术性媒介对文化、社会影响的新理论框架,是近年来传播学界讨论的热点议题[14]。作为多元社会领域的“构成性要素”[15],理解社会的媒介化进程,已经成为社会学、政治学、管理学等诸多学科的重要研究问题[16]。在欧陆“媒介化转向”[17]的研究范式变革之下,国内学界兴起了系统介绍媒介化理论的浪潮[18],并开始从媒介化研究的理论视角出发,展开对互联网平台[19]、手机[20]、直播[21]等各类现代传播技术变革下媒介对象的实践性考察。媒介化理论认为,媒介——或者更广义地说,信息的传递——已经开始摆脱传统传播研究中的“中介性角色”,而开始逐渐地影响乃至控制社会形态的构型过程[22]。媒介化更多地集中在分析媒介形式如何“嵌入”当代生活的不同层面,特别是建制化的社会实践,即媒介不仅是自立的社会机构,还深入其他社会机构的运作中[23]。媒介在制度化和技术化的过程中通过传播行动产生了塑造力,进而成为媒介化过程的一部分。

这一过程既反映了媒介和传播的变化,也反映了文化与社会的变迁[24]。短视频对于图书发行销售这一传统社会商业活动的“再塑”,正是这一媒介化过程的体现。图书购买链接嵌入泛知识类短视频可以视作内容传播与图书产业的一种“双向媒介化”。在短视频的媒介逻辑嵌入图书营销的实践行为过程中,泛知识的内容生产也不可避免地受到“带货”行为的影响。短视频生产者需要更多地将知识表达与图书联系到一起,从而激发观看者的图书购买欲望。因此,书单号往往集中形成了一些特定的媒介化叙事策略,既能够很好地契合泛知识类短视频的传播特征,又能够有效满足图书营销的需要。本文通过分析发现,情绪共享、知识焦虑、成就动机已经成为书单号泛知识类短视频最主要采用的三类叙事策略,约有一半左右的相关视频在内容生产上采取了三类叙事策略中的一个,从而建构起图书营销的实践环境下泛知识类短视频的媒介化表达(见表3)。

表3 三个抖音书单号泛知识类短视频的叙事策略(单位:条,括号内为占比)

	A阅读	B读书	小C读书	合计
情绪共享	7(9.46%)	32(25.81%)	15(23.81%)	54(20.69%)
知识焦虑	13(17.57%)	12(9.68%)	7(11.11%)	32(12.26%)
成就动机	20(27.03%)	21(16.94%)	9(14.29%)	50(19.16%)
其他	34(45.95%)	59(47.58%)	32(50.79%)	125(47.89%)
合计	74(100.00%)	124(100.00%)	63(100.00%)	261(100.00%)

1. 情绪共享:沉浸式的共情体验

情绪共享是指个体觉知到他人的动作、表情或声音等外部信息时,会自动地、同步地模仿,此时大脑中相应动作或情感部位也会被激活,从而使个体产生同形的表征共享[25]。作为心理学的基本概念之一,共情指的是能设身处地体验他人处境,从而达到感受和理解他人情感的能力[26],即感同身受的体验。而情绪共享则是激发共情的基础性要素。

具体而言,书单号在使用情绪共享的叙事策略时,往往会尝试通过感性的故事分享或个人表达形成情绪的传递或感染。首先,短视频博主可能会通过讲述自身的情绪体验,使观看者将个人角色或经历沉浸式地带入其中,从而引发情绪的共享。

"不管是未满 18 岁,正在纠结将来是要走'甜妹'还是'拽姐'路线的你,还是像我这样,处于 25 到 35 岁,肩负着结婚、生育、家庭、事业、个人成长,全部都扎堆来的崩溃焦虑的你。又或者是因为青春流逝、年华老去而内心饱受煎熬的你,或许都能在这本书里找到和你拥有同款困扰的那个'她'"。(小 C 读书 2021 年 6 月 25 日《大女生》)

"被内卷卷累了,你们都是怎么给自己解压的呢?之前看了贾平凹的《人生从容》,很受启发,于是跑去青城山待了几天,山风拂面,到了那个环境下,人不自觉地就慢了下来。"(B 读书 2021 年 6 月 21 日《人生从容》)

可以看出,情绪共享的叙事策略更多地是通过短视频博主的娓娓道来和用户集中的视觉体验,营造一种代入感,让短视频的观看者不自觉地将自身带入短视频所讲述的人物故事之中,继而引发共情心理,促使个体对书本所描写的完整故事内容或生活经验产生强烈的好奇心和求知欲,从而达到图书营销的目的。研究发现,竖屏时代背景下的短视频所提供的景观世界,使得景观中的表征成为前置主体,为用户营造出一种沉浸感,对流动现代性社会下个体化信息获取心理诉求和沉浸式体验起到了很好的满足效果[27]。以情感、人生处世为主题的短视频内容,往往善于通过短视频这一媒介工具,建构一种媒介化的讲述环境,将分享者(短视频博主)与观看者(用户)共同置入一个封闭的媒介空间,从而创造独一无二的沉浸式的情感体验,达到情绪共享、唤起共情的目的。

2. 知识焦虑:有效信息的获取需求

知识焦虑的实质是信息焦虑。知识环境的泛在化,虽然使知识获取的途径更加便捷,但也导致了海量信息的爆炸式传播和无效信息的冗余。面对海量信息时,人们往往目不暇接、难以全部吸收,或只能浅层次地吸收,从而形成了一种心理上的恐慌[28]。在这种状态下,用户渴望获取和吸收有效知识,由此也引发了焦虑营销的商业手段。研究发现,焦虑营销是利用用户的求知欲,营造"没有知识就落后、就被时代抛弃"等一系列焦虑情绪,激发用户的购买行为,目前已经成为媒介营销知识产品的主流方式[29]。而在泛知识类短视频与图书营销实践相互形构的过程中,焦虑营销也转换为一种叙事策略,深度嵌入了泛知识的内容表达。

一方面,知识焦虑的叙事策略可以通过建构"必须获取的知识",引发用户缺少知识的焦虑感。例如:"关于衰老和死亡,那些你必须知道的事。"(小 C 读书 2021 年 5 月 27 日《最好的告别》);"人为什么要结婚,这是我听到过最好的答案。"(A 阅读 2021 年 8 月 9 日《结婚的意义》)

另一方面,短视频内容生产者可以选择通过情境描述,将视频观看者置于一种较为负面的情境中,使其感受到自身处于一个缺乏相关有效知识的地位,继而诱发用户内心深层的知识焦虑感。例如:"如果你整天不读书、不运动、不反省、不自律、无目标、无计划,生活是不会变好的。低级的欲望放纵即可获得,而你需要的是自律才可获得的高级欲望。”(A 阅读 2021 年 9 月 1 日《自控力》);“聊天容易冷场,和人沟通就筋疲力尽,一到说话的场合就犯怵,几乎每天都会收到大家同一种诉求的私信,究竟怎么样成为一个会说话的人?”(小 C 读书 2021 年 4 月 2 日《提问》)

研究证实,知识质量焦虑、知识过载焦虑与知识缺失焦虑等不同类型的知识焦虑对知识付费意愿均可以产生显著的正向影响,可以迅速地诱发消费购买行为[30]。因此,不同类型的书单号在短视频内容生产时均将知识焦虑作为一种重要的叙事策略。这不仅表明基于泛知识类短视频的图书营销充分迎合了短视频作为媒介载体的情境化叙事能力,也反映了市场化的焦虑营销等知识消费营销手段融入媒介话语的深层实践表达。

3. 成就动机:自我提升的底层渴望

成就动机指努力追求卓越,以期达到更高目标的内在动力和心理倾向,是人们在成就需要的基础上产生的,是一种激励自我成就感和上进心的心理机制[31]。成就动机可以看作是个体为了达到内部或外部对于成功标准的既定评判,而努力减少达不到成功目标的风险,继而影响人的行为的一种关键性因素。因此,成就动机既是一种内在的心理效能感,也可以外在表征为唤醒成就动机的叙事文本。

在书单号所生产的泛知识类短视频中,成就动机是广泛采用的一种叙事策略。通常,短视频创作者通过“变富有”“变美丽”“变强大”等“逆袭”式的底层叙事语言,将知识包装为一种可以使人在特定领域变得更加成功的决定性要素,从而助推人实现成功标准上的跃迁。例如:“你相信吗,用一个万能的公式,就能够帮助你成为一个会聊天的人。”(B 读书 2021 年 8 月 11 日《即兴表达:轻松掌握关键时刻》)

成就动机类的叙事充分结合了“草根逆袭”的话语逻辑,将知识描述为可以帮助身处底层或困境中的人“改命追梦”的重要外因,例如:“到底什么样的经历,才能让你脱胎换骨?就是把自己揉碎,磨成粉,再重新捏一个新的人。”(A 阅读 2021 年 8 月 15 日《做自己的心理医生》)此类叙事策略多使用夸张的手法,放大某一类知识或图书的作用,或将其判定为在特定领域提升成就所必须阅读的书籍。例如:“安利一本教你变有钱的书,不管你是小朋友还是大朋友,只要你有‘想要变得更富有’这种愿望,一定要读的理财启蒙书。”(小嘉 2021 年 3 月 3 日《小狗钱钱》)通过成就动机的叙事策略,短视频创作者将知识改变命运的价值导向通过多维度的讲述转化为某种理所当然的主体价值信条,从而充分唤醒个体内心深处的成就动机,继而影响其产生为知识付费的图书购买行为。

五、结论与讨论

安德烈亚斯·赫普(Andreas Heep)指出:“我们生活在一个‘万物媒介化’的时代。鉴于媒介越来越多地成为社会活动中的行动者,我们可以将当前的媒介化阶段理解为一种‘深度媒介化’的阶段[32]。”媒介不仅允许人们开展远距离互动,也使得个体参与社会活动的形式不断延伸。通过对现实的穿透,媒介不断地构建起新的社会情境,这一“穿透”的过程,便是媒介化的过程[33]。短视频作为一种技术性媒介对于图书销售这一实践性场景的嵌入,作为一种媒介面向(media-oriented)的开放性实践行为[34],提供了媒介化研究的一个观察视窗,为我们考察互联时代技术及实践之间的动态关联勾勒出了一条新的阐释进路。

本文考察了在泛知识类短视频快速兴起以及基于短视频的线上图书营销如火如荼的双重背景下,以书单号为代表的传播实践。应当看到,书籍作为传统意义上的一种知识承载物与符号化代表,与现代社会信息洪流下的求知渴望不可避免地保有深层的内在联结。因而,图书营销这一实践行为也恰好充分迎合了移动互联时代以短视频为主要传播介质的泛知识类信息的生产与传递。在这一过程中,泛知识类短视频与线上图书营销共同包裹于一个动态的媒介化过程之中,并产生相互形塑的"双向驯化"功能。媒介技术嵌入生活并成为社会实践的组成部分,被媒介化研究学者称为"驯化"(domestication)的过程[35]。

如图1所示,以书单号短视频生产为中心的泛知识表达受到图书营销实践目标的形塑,进化和发展出情绪共享、知识焦虑、成就动机等一系列典型叙事策略。而泛知识类短视频的兴起无疑也为图书营销提供了一个全新的连接性场景,线上图书销售也因短视频的平台和互动属性,不得不内嵌于泛知识类短视频的模态中,作为短视频内容的一部分呈现给受众。

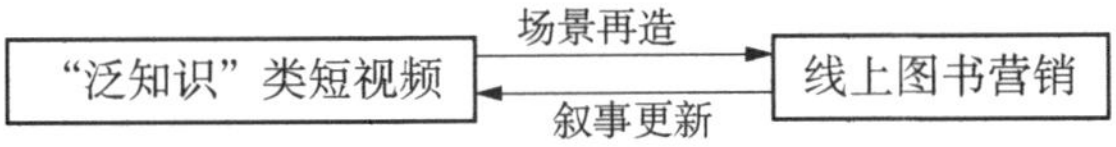

图1 泛知识类短视频与线上图书营销双向驯化的媒介化过程

这一相互形塑的作用正体现了人与技术共在的"双向驯化"过程:在媒介技术"规训"人类实践活动的同时,其自身也受到社会商业实践的"驯服",形成媒介化的叙事表达。

基于移动互联的泛在知识环境给出的随时在场的知识获取体验和具体的图书营销语境联结在一起。这种语境由个体和移动互联网瞬时的、忽略物理空间的信息传播以及一系列的平台技术共同建构,最终形成了基于泛知识类短视频的在线图书营销实践。然而,现代媒介技术是一个"飞去来器",其内在的自反性是风险社会的根源之一。移动互联网时代,万物互联的自反效应更加复杂,并在新型媒介技术应用的过程中得到了集中体现。一方面,受到以商业化为主要特征的数字平台文化和以营销为中心的内容导向的影响,以书单号为代表的一批泛知识类短视频创作者正在快速地向"营销者"角色转型。从本文的三位短视频博主的内容生产实践可以发现,随着抖音平台商业化进程的加快,以营销为核心的叙事模式逐渐替代了内容生产者早期的开放性叙事,导致泛知识的叙事空间日益狭窄。大量同质化的内容在算法与流量的规训下批量式产出,以一种短视频工业的面貌迅速冲击着泛知识类短视频的内容生态。另一方面,由于短视频自身的快速浏览属性,以营销为核心的内容生产不得不采取博眼球等方式强化其叙事策略,试图以"短平快"的方式将泛知识类内容吸收迅速转化为用户的实际购买行为。这进一步导致以实用主义为核心的泛知识及相关主题图书的火热,而回避了用户对于具有深度的、系统性的、可引发个体独立思考的知识内容的需要,导致浅尝辄止的浅层学习成为泛知识背景下的新常态。以流量为中心的粉丝意识则进一步弱化了内容生产者及用户对讲述内容的批判性思考,阻碍反思性学习。

因此,如何在深度互嵌的媒介化时代维护泛知识类短视频健康的内容生态,避免过度同质化的内容泛滥,如何在服务和优化线上图书营销的同时,共同打造更加有利于各种观点交锋、各类知识共生共存、内容生态群落更丰富的短视频知识社区,仍是内容生产者与短视频平台需要共同探讨的重要议题。

参考文献

[1] 路鹃,付砾乐."网红城市"的短视频叙事:第三空间在形象再造中的可见性悖论[J]. 新闻与写作,2021(8):59-67.

[2] 丁迈,张天莉,罗佳. 短视频的用户生态与需求演进:《短视频用户价值调研报告(2020)》[J]. 新闻与写作,2021(2):52-59.

[3] 韩萌萌."泛知识"创作者站上风口[N]. 中国新闻出版广电报,2021-08-03(8).

[4] 崔迪. 媒介知识:传播学视野下的知识研究[M]. 上海:复旦大学出版社,2019:30.

[5] Park R E. News as a form of knowledge: a chapter in the sociology of knowledge [J]. American journal of sociology, 1940,45(5):669-686.

[6] 郑忠明,江作苏. 作为知识的新闻:知识特性和建构空间:重思新闻业的边界问题[J]. 国际新闻界,2016,38(4):142-156.

[7] Chatham M A. Knowledge lost in information. report of the NSF workshop on research directions for digital library [R/OL]. (2003-06-17) [2021-03-24]. https://digitalpreservation.gov/news/2004/knowledge_lost_report200405.pdf.

[8] 李彩虹. 泛在知识环境下的高校图书馆发展趋势研究[J]. 图书与情报,2013(6):65-68.

[9] 熊开容,刘超,甘子美. 刷抖音会上瘾吗?:短视频 App 用户沉浸式体验影响因素与形成机制[J]. 新闻记者,2021(5):83-96.

[10] 何珂. 知识类短视频要有"含金量"[N]. 安徽日报,2021-08-03(10).

[11] 周易. 泛知识类短视频受访者认为最大问题是内容同质化[N]. 中国青年报,2021-03-18(10).

[12] 熊开容,刘超,甘子美. 刷抖音会上瘾吗?:短视频 App 用户沉浸式体验影响因素与形成机制[J]. 新闻记者,2021(5):83-96.

[13] 郑忠明,江作苏. 作为知识的新闻:知识特性和建构空间:重思新闻业的边界问题[J]. 国际新闻界,2016,38(4):142-156.

[14] Ampuja M, Koivisto J, Väliverronen E. Strong and weak forms of mediatization theory: a critical review [J]. Nordicom review, 2014(35):111-123.

[15] Hepp A, Hjarvard S, Lundby K. Mediatization: theorizing the interplay between media, culture and society [J]. Media, culture & society, 2015,37(2):314-324.

[16] 常江,何仁亿. 安德烈亚斯·赫普:我们生活在"万物媒介化"的时代:媒介化理论的内涵、方法与前景[J]. 新闻界,2020(6):4-11.

[17] 戴宇辰. 媒介化研究:一种新的传播研究范式[J]. 安徽大学学报(哲学社会科学版),2018,42(2):147-156.

[18] 王琛元. 欧洲传播研究的"媒介化"转向:概念、路径与启示[J]. 新闻与传播研究,2018,25(5):5-26,126.

[19] 李德团. 互联网平台企业媒介实践的网络隐喻与资本动因:以钉钉 B 站求饶事件为例[J]. 国际

新闻界,2020,42(12):68-87.
[20] 戴宇辰,孔舒越."媒介化移动":手机与地铁乘客的移动节奏[J].国际新闻界,2021,43(3):58-78.
[21] 喻国明,杨嘉仪.理解直播:按照传播逻辑的社会重构:试析媒介化视角下直播的价值与影响[J].新闻记者,2020(8):12-19.
[22] 戴宇辰.媒介化研究:一种新的传播研究范式[J].安徽大学学报(哲学社会科学版),2018,42(2):147-156.
[23] 徐婧,马晓悦.媒介技术视野下数据科学与媒介研究的新进展[J].西安交通大学学报(社会科学版),2020,40(4):146-152.
[24] 周翔,李镓.网络社会中的"媒介化"问题:理论、实践与展望[J].国际新闻界,2017,39(4):137-154.
[25] 赵丽娜,李静瑶,刘芬.共情研究综述[J].学理论,2010(33):80.
[26] 袁爱清.观影养心的相关理论及动态模型探析:以媒介幸福感为视角[J].新闻界,2014(3):19-23.
[27] 高贵武,吴奇.竖屏:移动场景下视频呈现的创造性选择[J].新闻与传播评论,2019,72(3):98-107.
[28] 匡文波."知识焦虑"缘何而生[J].人民论坛,2019(3):127-129.
[29] 王瑾.知识付费时代媒介焦虑营销的困境研究[J].出版广角,2018(13):68-70.
[30] 孙金花,何苗,胡健.感知价值视角下知识焦虑对平台用户知识付费意愿的影响[J].现代情报,2021,41(06):129-138.
[31] Atkinson J W. Motivational determinants of risk-taking behavior. [J]. Psychological review, 1957,64, Part 1(6):359-72.
[32] 常江,何仁亿.安德烈亚斯·赫普:我们生活在"万物媒介化"的时代:媒介化理论的内涵、方法与前景[J].新闻界,2020(6):4-11.
[33] 戴宇辰."旧相识"和"新重逢":行动者网络理论与媒介(化)研究的未来:一个理论史视角[J].国际新闻界,2019,41(4):68-88.
[34] 齐爱军.尼克·库尔德利:媒介研究的"实践范式"转向[J].山东社会科学,2017(1):151-155+192.
[35] Hepp A, Krotz F. What 'effect' do media have? mediatization and process of social-cultural change [C]//Paper presented at ICA conference, San Francisco, 2007:5.

How Motivations Affect the Consumer's Attitude for Luxury Brand

——The Role of Social Presence and Information Richness

Praphruetmon Chenicha① Ching-Chou Chen②

[**Abstract**] Consumers are sometimes willing to pay higher prices to purchase certain products or services (such as luxuries). In the media field, both scholars and practitioners have long been concerned and explored the possible reasons. Based on the theory of information richness, the study intends to explore how the mediating role of social presence and the moderating effect of information richness from consumers' two motivations (hedonic motivation and utilitarian motivation) affect the consumption attitude for luxuries. Combing the relevant literature to construct a theoretical model will help people understand how those higher product values are formed in the minds of consumers. The model can provide scholars who are interested in this topic with further discussion or verification, and it can also help companies in marketing communication, market segmentation, selection of target markets and product positioning.

[**Keywords**] hedonic motivation, utilitarian motivation, social presence, information richness, luxury brand attitude

In the era of the epidemic, people are quarantined at home. Both mentally and socially, are affected to a certain extent. However, some people want to have a "sense of existence"[1]. The new normal is full of temptations and readily available distractions, which makes it easy for people to over-rely on certain things. This is especially ture with the development of social media[2]. Therefore, they use or are used by social media's circle of friends and its bright external packaging. For example, they may brush the presence of luxuries and check in on social media platforms such as Facebook, IG, and WeChat. They

① Corresponding author, she is an instructor (Ph. D, Shanghai Jiao Tong University) in International College at Bangkok University, Thailand.

② Co-author, he is an instructor (Ph D. , Dong Hwa University of Taiwan) in Chinese International College at Dhurakij Pundit University, Thailand.

post photos, videos, and repost content to share all trivial matters of their lives with the public, spreading them all over the world for play or consumption.

The photos of luxuries create the image of a "show-off platform" or "internet celebrity image", enjoying verbal praise and satisfaction through the messaging mechanisms of social media, or sharing their own stories (such as happiness, joy, grievance, or sadness) and shopping experiences on social media to shape their image[3-4].

1 Introduction

Based on the preferences and psychological changes in the purchase behavior in this consumer environment, according to the motivation theory, this paper mainly discusses the formation mechanism and essence of consumer purchase behavior. Consumer motivation can be distinguished into utilitarian motivation and hedonic motivation[5]. Many scholars study utilitarian motivation and hedonic motivation to explore the influencing factors of social media luxury shopping behavior[6-8].

According to the theory that the basic motivation of online shopping comes from satisfying consumers' utilitarian motives for products or services, consumers rationally and systematically carry out social media purchases of luxuries based on their utilitarian needs, including perceived usefulness and perceived ease of use[9-10]. Hedonic motivation, on the other hand, is derived from the shopping process. Hedonistic motivations include happiness, fantasy, fun, etc[6-8].

When consumers have a sense of presence for a product, they will spend a large amount of money to purchase it. Products usually have multiple functionalities for consumers[11], for example, luxury goods can increase beauty, social status, and self-satisfaction. The advancement of social media has resulted in the shortening of distance, the enlargement of space, the enrichment of information, and the retention of time.

Social media allows people on both ends of the earth to learn about products through information enrichment, and put a lot of information on social media. Social media provides convenient access at any time. For example, through the use of products provided by the moments, sharing product information through videos, pictures, and the information can be viewed at all times as long as there is social media, so it is convenient for many consumers' daily needs[12]. It also creates a change in consumers' habits of relying on social media information.

The purpose of this research is to explore the potential factors that influence the motivation of luxury shopping through social media from the perspective of utilitarian and hedonic motivations, and to establish a comprehensive model to explain the mechanism of the effect. Therefore, this research proposes to construct a theoretical model through the correlation between utilitarian motives and hedonic motives, social presence, information abundance, and attitudes towards consuming luxuries.

Motivational factors stimulate the psychological mechanism to explain the influence of utilitarian motivation and hedonic motivation on social presence, and whether they can affect consumers' attitudes towards luxury shopping on social media under conditions of abundant information.

2 Literature Review and Research Hypothesis

2.1 Consumer motivation theory

Social media shopping refers to a series of purchase behaviors that obtain products or product value on social media. In early consumer motivation theory, the basic shopping motivation of most consumers is to discover and purchase the products he/she needs to meet the functional needs of product or service. In addition to the functional motivations required by traditional consumers, there are many factors that affect consumers' purchasing motivation[2]. For example, fun, fantasy, happiness, and enjoyment are all shopping motives[13-14]. But regardless of the motivation, it can be roughly attributed to two categories: utilitarian motivation and hedonic motivation.

Utilitarian motivation is defined as a shopping motivation that solves key tasks, and is considered a kind of rational, effective decision-making with a clear goal. According to this definition, shopping begins with a task or purpose, and the benefits of shopping depend on whether the task is completed efficiently.

On the contrary, hedonic shopping motives refer to consumers' shopping behavior motives of seeking happiness, fantasy, excitement, sensory pleasure[11]. Therefore, in the consumer experience, hedonic shopping motives can obtain benefits related to positive emotions.

First of all, hedonic shopping motivation can also be seen as a positive return in the form of happiness, which occurs when a person engages in a specific activity. If someone feels happy when watching an online video or commenting on a particular channel, then that person is likely to participate in this channel and derive pleasure through social interaction. Secondly, the relationship between hedonic motivation and consumption refers to consumers using factors such as happiness, feeling, aesthetics, emotion, and enjoyment as purchasing motivation[14].

According to these two motives, the reasons why consumers shop may not only be to obtain some objectively existing items, but also because they want to obtain a sense of pleasure in the consumption process, especially in today's material-rich social interactions. In the social media shopping environment, hedonic shopping motivation becomes increasingly important. Marketers will consider both utilitarian and hedonic motivation to maintain the competitive advantage of products or services[3-4].

2.2 Social presence

Social presence is defined as the degree to which the other party is perceived to exist during the process of using the media to exchange information, and the subsequent establishment of interpersonal relationships. Social presence refers to the extent to which the media can make people feel the presence of others while using it. In addition, it can be defined as the feeling of being with others during communication[1].

Some scholars believe that this is a state of mind. In this state, technical users will experience the virtual existence of other social actors when they receive certain social or communication cues[15]. In addition, the concept of co-existence is not only in the same place, but also includes a person's perception of other's intentional states, as well as their response to the social and communication cues provided by the existence and behavior of others[16]. In addition, it is considered that an individual in a virtual environment proves their own existence (reality) and has the ability to interact with people[17].

Social presence is considered to be related to people's happiness, and the most likely psychological impacts are enjoyment and pleasure. In this regard, the increase in social presence caused by social media shopping may positively affect the degree of consumer experience and enjoyment. There is also evidence that social media pictures and videos can influence user satisfaction[18]. In the field of social media research, enjoyment is defined as the satisfaction of needs[19].

According to the similarity with personal pictures and letters, the image and text content published on digital media can convey a sense of personal existence to a large extent. Language, text and pictures are a form of psychological intimacy and warmth, which usually enhance the sense of social presence. Therefore, if customers perceive a considerable degree of social presence, they are more likely to have positive cognitive, emotional and behavioral responses[20].

As mentioned in related studies, Eneizan, Alsaad, Abdelbaset Alkhawaldeh, and Rawash[21], and Gefen, Karahanna, and Straub[22] all believe that the main features of social media activities include group chats, circles of friends, message boards, and chats. In addition, social presence can also improve the quality of online shopping. Just like the positive relationship between social existence and enjoyment[23]. Similarly, social presence is considered to be one of the main antecedents of consumer participation[24].

2.3 Rich information on social media

Luxuries in the era of the new normal are even more of a trend. Consumers love luxuries. In this context, "private traffic" refers to luxuries that are personally owned, freely controlled, and repeatedly used. Simply put, it refers to those consumers that you can reach directly, or those consumers who can find you on their own without paying for it, such as on Facebook, Instagram, and WeChat. At present, luxury brands use personal social media accounts and social media communities to create consumer communities. Although this is a labor-intensive process, it shortens the distance between luxury brands and consumers and helps build a luxury information database.

Social media has become the main medium for people to connect with the outside world. Social media shopping has officially entered the new normal era. Enterprises have also begun to invest in the social media market. The functional types of social media have become more diversified. In addition to simple text messages, it has also begun to transmit non-verbal information and provide users with a higher sense of social presence. Therefore, information richness refers to the amount of consultation that changes consumers' understanding of the product in a given period of time[12].

In addition, it is believed that information richness refers to consumers' perception of the richness of product information and content of interest in the online shopping environment[25], especially when consumers are faced with high luxury prices or unfamiliar products, they need information that can help with their online shopping decision-making[26]. Therefore, information richness can provide consumers with the product information they are interested in through the shopping channel, including product details such as product prices, product properties, recommended information, and stimulating consumer behavior.

2.4 Consumer luxury attitudes

A global brand is a brand with global popularity, usability, acceptance and desirability[27]. For consumers, a product with a global brand is one of the main tools to improve social status, making famous brand products highly symbolic commodities. These products serve as representative symbols of social identity and are potentially related to digital commodities[28]. This proof of certain attributes can allow individual consumers, for example, to demonstrate higher quality, social prestige, or benefits associated with the brand, especially among consumers who are eager to improve their social status[29].

In addition, some scholars believe that global digital brands possess global popularity, usability, acceptance and desirability. Digital brands can adopt standardized, centralized and coordinated marketing strategies and plans, appearing under the same name in major markets. This approach achieves consistency, positioning, image, personality, look and feel of the company. The brand-name effect can be divided into at least three key components: the use of global standardized marketing strategies, availability in multiple world regions, and visibility beyond the brand foundation.

This research posits that shopping is an activity that combines leisure and entertainment or meets consumer needs. It provides opportunities for people to experience a different daily life. Different emotional and psychological states can explain why people go shopping. For example, during the outbreak of the epidemic, China and Thailand implemented a city lockdowns. When a person feels lonely while isolating at home, he or she will use social software to shop to please themselves. In this case, shopping is not only about acquiring products, but also about enjoying the buying process and relieving stress. Products in daily life often reflect a person's attitude and taste.

Many people are interested in new trends such as luxuries, fashion, styling, or product innovation, and they shop through social media to receive new trends or ideas. During the epidemic, with a lack of face-to-face interaction, people often used social media shopping as a way to communicate and interact online.

Many scholars believe that luxury is a form of prestige brand. Prestige brands have different levels, and they can be measured by distinctiveness, uniqueness, quality, hedonism and self-image[30]. At the same time, it is believed that luxuries and ordinary goods lie on a continuum, with the distinction between them being a matter of consumer attitude[31].

In addition, luxuries can inspire and entertain consumers. Today, luxury consumers are seeking personal satisfaction rather than merely displaying their social status. In addition, they seek emotional rewards and inner satisfaction by consuming exclusive, authentic, high-priced luxuries, not just satisfaction[32]. Traditional luxury product focuses on conspicuous consumption, while new luxury regards emotional connection and aesthetic experience as the core aspects of luxury consumption[33].

Luxury consumption attitude is an important factor influencing purchase behavior. Through an understanding of consumer brand attitudes, purchase behavior intentions and actual purchase behavior can be predicted more accurately[34]. Because of this, research on brand attitudes has received considerable attention in the academic world, as researchers often use brand attitudes to predict consumers' purchase intentions and behaviors. However, luxury consumption attitudes can be defined as the status of consuming luxuries, characterized by higher prices than similar products, greater product value, confidence and self-satisfied vanity[35].

In addition, the characteristics of luxury consumers refer to a high-involvement consumption process. The characteristics of luxury consumption are mainly classified by two variables: the degree of self-awareness and the importance of price perception. There are four categories: show-offs, conformers, hedonists, and perfectionists[36-37]. Self-awareness refers to the tendency of consistency between inner and outer behaviors[38].

When the self-awareness tends to be open, people will place particular emphasis on their image, while the self-awareness tends to be private. Among them, those who show off, those who are proud, and those who follow the crowd belong to interpersonal effects, while hedonists and perfectionists belong to personal effects. It is worth noting that traditional luxury consumption attitudes differ from modern ones.

The meaninglessness of luxury consumption means that any effort to justify the high price of luxuries means that its charm and delicacy are flawed. The brand is stripped to its true size. However, luxuries are often related to the concept of artistic creation, and intrinsic/hedonic motives enhance the perception of artistic creation. In addition to the recognition of brand exclusivity and rarity, upward extension may produce positive reviews and potential hedonic effects[39].

2.5 Utilitarian and hedonic motivations of social media luxury shopping

Social media purchase motivation arises because customers have needs that need to be met, and the satisfaction of corresponding shopping needs depends on whether the products or services purchased can help customers achieve their shopping goals related to their value expectations. Therefore, social presence plays an important role in the formation of customers' purchasing motivation[40].

Consumer motivation is defined as consumers' perceived preference and evaluation of product attributes, effectiveness, and use results that help achieve their goals and objectives in a specific use scenario[41]. Due to the differences in product attributes and use results, consumer motivations can be divided into perceived utilitarian motivation and hedonic motivation. Utilitarian motivation refers to consumers' perception that a product or service can meet their functions or daily needs. Hedonic motivation refers to the customer's perception that the product or service can satisfy their emotional or hedonic needs[5].

Since the consumption pattern of social media shopping is different from that of physical store shopping, the motivations of consumers during the shopping process are also different. These motivations help consumers establish basic shopping motivations. When the selection of luxury products on social media is diversified, it helps consumers generate utilitarian motives for online shopping. Meanwhile shopping convenience, information effectiveness, product/service customization, and interactive communication affect consumers' functional motives for online shopping[10].

Convenience and time efficiency, shopping economy, information effectiveness, and choice diversity can help social media consumers generate utilitarian shopping motives and influence their purchasing intentions. The same multi-dimensional metric established online consumers' utilitarian motives, which are divided into economy, shopping convenience, choice diversity, information effectiveness, avoiding excessive social interaction, and product customization[9]. Therefore, we put forward the hypothesis:

H1: When consumers purchase luxuries through social media, the higher the hedonic motivation, the higher the sense of social presence.

For consumers' hedonic motivation, this study points out that using social media shopping is the main hedonic value of "new normal" shopping. Since hedonic motives generally arise from experiences, feelings, and emotions in the shopping process, intrinsic shopping experience values, such as enjoyment and fun, are also considered hedonic motives for online shopping. Just as Nili, Delavari, Tavassoli, and Barati[42] confirmed the existence of hedonic motivations perceived by online customers.

H2: When consumers purchase luxuries through social media, the higher their utilitarian motivation, the lower their sense of social presence.

2.6 The impact of rich social media information on social presence on the attitude for luxury brand

With the development of technology, the social presence that social media can provide as an intermediary communication tool is gradually increasing. From the previous era where companies could provide users with more diversified information through the internet to stimulate purchase intentions, to the current digital age, people can now upload different types of posts through social media to share their lives with other friends. The rich functions of social media pages enable community editors to showcase the richness of information through various forms of external communication.

The rich content of products obtained through social media can enhance the influence of consumers' social presence on the positive attitude towards products[43]. After entering the digital era, we can interact with other users through social media, and use the information provided by other users to evaluate whether we should buy a product. For example, social media features "comments" "likes". With the "sharing" function, users can comment on the posts regardless of whether they are satisfied or dissatisfied. If there are many likes, comments, or a high analysis rate, it can also enhance the image of personal social presence.

In addition, the information transmission methods that social media can provide are becoming more and more diversified with the development of technology. For example, the 3D photo function has been launched on Facebook, and the photos are turned into 3D scenes through the built-in function of the mobile phone. When viewing 3D photos, the images on the mobile phone photos will change with the angle of rotation. Family and friends can use this feature to interact with users.

Users can view the exhibition through the 3D photos of the posts, making relatives and friends feel as if they are visiting the scene in person. This feature is not only available for posts. Facebook users can also upload 3D photos to their own timelines, sharing what they see in 3D, and allowing their friends on Facebook to interact with likes, forwards, or comments with the feeling of being at the scene. Users can also build their own image through 3D photos (such as by taking pictures of large-scale three-dimensional sculptures seen in a gallery or of themselves in mountain landscapes, etc.. Different photo types can create different images for yourself).

In addition, the live broadcast platform launched by Tiktok is a synchronous communication location. Users can conduct live broadcast to analyze their lives and performances anytime and anywhere. Through live broadcasting, users can experience a sense of closeness and unity similar to face-to-face interpersonal communication. In existing live broadcast research, some scholars have also mentioned the sense of presence.

Social media attaches great importance to user interaction and user-generated content, so users can share their lives through social media in various forms, such as writing blogs, uploading pictures or videos, and so on. In the use of different types of social media, the higher the social presence, the greater the impact on relationship between users. In addition, it has been found that the social presence that users experience through Facebook and WeChat can help users trust and identify with the community they are in, thereby facilitating their willingness to continue using social networking sites.

Both interactivity and vividness can enhance users' sense of social presence, and the sense of social presence can be conveyed through rich information[40]. Rich information content can create a high degree of social presence[44].

H3: Social media has a positive impact on consumers' attitudes towards luxury shopping on social media.

H4: When consumers obtain more information through social media, the positive influence of social presence on the attitude toward luxury brand consumption will be higher.

Summaries of the above research hypotheses can be shown in Figure 1.

3 Conclusion

According to the theoretical model proposed in this research, different consumption

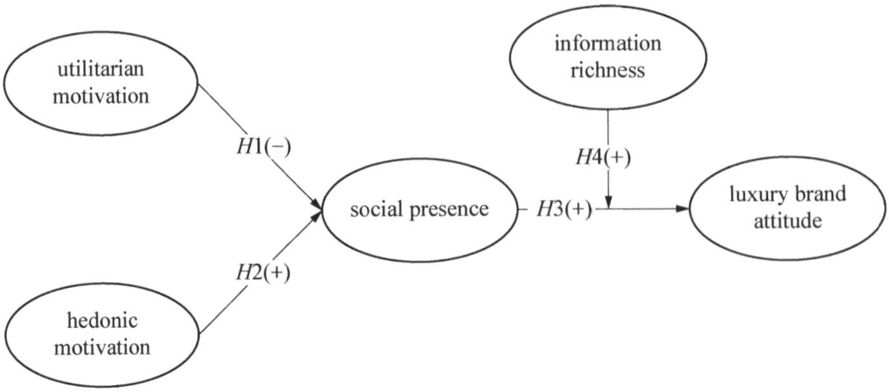

Figure 1　The theoretical framework of the research.

motives have varying effects on the consumption attitude towards luxuries. The difference in consumer psychological perception lies in the impact on social presence. Hedonic motivation enhances the social presence of consumers, whereas utilitarian motivation reduces it. In addition, when information is relatively abundant, the positive influence of social presence on the consumption attitude towards luxuries will be strengthened.

3.1　Theoretical implications

This study uses social presence as a mediator variable to explain how consumer motivation affects luxury consumption attitudes, thereby supplementing this topic to propose new ideas for further exploration in future research. This research also enriches the theory of information richness by exploring one of the main contextual factors that influence consumer motivations on luxury consumption attitudes, that is, the introduction of information richness and open up new perspectives on contextual factors.

3.2　Practical implications

In practical terms, with the high usage and diffusion of social media, product information can be transmitted at a relatively fast speed. Social media provides physical stores with a cost-saving marketing method. With its high efficiency and popularity, social media has become a very important tool for online marketing. However, when the richness of information provided by the internet is different, consumers' positive attitudes towards the luxuries will vary. Therefore, how to capture the favor of viewers on a large number of social media information is a topic that should be paid attention to in product operations on social media networks after the COVID-19 epidemic.

This research provides help for online e-commerce platforms and individual sellers to understand the consumer behavior of social media customers in the social media shopping environment. Marketers can formulate strategies based on the rich information, social presence, utilitarian motivation and hedonic motivation discussed in this research to maintain the marketing strategy for luxury customers and promote social media customers as much as possible.

Through social presence and the rich information, utilitarian and hedonic motives, such as shopping economy and avoiding social interactions, can help online stores improve various online service elements, build brand images, and provide consumers with high-quality services to maximize the service effects of social media on consumers' perceptions. For example, communication, interaction, and synchronization through social media are important hedonic motives, which can make shopping process more enjoyable, adding activities and elements that make consumers feel satisfied, happy and engaged.

The richer the content of the information provided by social media, the more attractive it is to consumers, and the higher their desire and willingness to purchase luxuries on social media. Therefore, after consumers browse social media, how to use the richness of social media information to increase consumer interest in social media is a key issue. Relying on the pre-existing impression of luxury information in the design media or through social media to create an impression of luxury products, and increase interest in these products can enhance positive attitudes and purchase willingness. These are all aspects that social media operators should pay attention to, such as private domain traffic, internet celebrity economy, social display of wealth, etc.

In addition to publishing pure text information on social media, social media operators can also publish videos, photos, link sharing or events etc. , and provide consumers with information such as new product launches, product auction information or recent events can creat a lively discussion atmosphere. Using the application of social media platforms to embed luxuries in consumers' minds in a way of creating topics and using the power of virtual social platforms to market and promote luxuries, not only reduces the cost of physical public relations promotion but also spreads information quickly and conveniently through the internet.

Pleasure or fun is regarded as a necessary condition for operating a successful product or service. Therefore, when operating social media, operators must not only provide useful information to consumers in the fastest time, but also take into account the quality and value of the content. And, it can respond to the questions asked by consumers in a timely manner. This allows browsing consumers to have a pleasant online shopping experience. After trusting the social media platform, they realize that it can not only provide information, but also offer real interaction. For the trusted social media platform that responds to them, consumers finally generate a positive attitude towards the product recommended by the social media and makes a purchase.

References

[1] Reichow D, Friemel T N. Mobile communication, social presence, and perceived security on public transport[J]. Mobile media & communication, 2020,8(2):268 - 292.

[2] Darden W R, Babin B J. Exploring the concept of affective quality: expanding the concept of retail personality[J]. Journal of business research, 1994,29(2):101 - 109.

[3] Jones M A, Reynolds K E, Arnold M J. Hedonic and utilitarian shopping value: investigating differential effects on retail outcomes[J]. Journal of business research, 2006,59(9):974 - 981.

[4] Scarpi D. A construal-level approach to hedonic and utilitarian shopping orientation[J]. Marketing letters, 2021,32(2):261 - 271.

[5] Fard S S, Alkelani A M, Tamam E. Habit as a moderator of the association of utilitarian motivation and hedonic motivation with purchase intention: implications for social networking websites[J]. Cogent social sciences, 2019,5(1):1 - 18.

[6] Arrigo E. Social media marketing in luxury brands: a systematic literature review and implications for management research[J]. Management research review, 2018, 41(6): 657 - 679.

[7] Jin S-A Annie. The potential of social media for luxury brand management[J]. Marketing intelligence & planning, 2012,30(7):687 - 699.

[8] Martín-Consuegra D, Díaz E, Gómez M, et al. Examining consumer luxury brand-related behavior intentions in a social media context: the moderating role of hedonic and utilitarian motivations[J]. Physiology & behavior, 2019(200):104 - 110.

[9] Lloyd A E, Chan R Y K, Yip L S C, et al. Time buying and time saving: effects on service convenience and the shopping experience at the mall[J]. Journal of services marketing, 2014,28(1):36 - 49.

[10] Overby J W, Lee E-J. The effects of utilitarian and hedonic online shopping value on consumer preference and intentions[J]. Journal of business research, 2006,59(10 - 11):1160 - 1166.

[11] Coelho F J F, Bairrada C M, Coelho A F M. Functional brand qualities and perceived value: the mediating role of brand experience and brand personality[J]. Psychology & marketing, 2020,37(1):41 - 55.

[12] Chesney T, Chuah S-H, Dobele A R, et al. Information richness and trust in v-commerce: implications for services marketing[J]. Journal of services marketing, 2017,31(3):295 - 307.

[13] Arnold M J, Reynolds K E. Hedonic shopping motivations[J]. Journal of retailing, 2003,79(2):77 - 95.

[14] To P-L, Liao C, Lin T-H. Shopping motivations on internet: a study based on utilitarian and hedonic value[J]. Technovation, 2007,27(12):774 - 787.

[15] Lee K-M. Presence, explicated[J]. Communication theory, 2004,14(1):27 - 50.

[16] Biocca F, Harms C, Burgoon J K. Toward a more robust theory and measure of social presence: review and suggested criteria[J]. Presence: teleoperators & virtual environments, 2003,12(5): 456 - 480.

[17] Kehrwald B. Understanding social presence in text-based online learning environments[J]. Distance education, 2008,29(1):89 - 106.

[18] Chen Y-M, Hsu T-H, Lu Y-J. Impact of flow on mobile shopping intention[J]. Journal of retailing and consumer services, 2018,41(C):281 - 287.

[19] Akel G, Armağan E. Hedonic and utilitarian benefits as determinants of the application continuance intention in location-based applications: the mediating role of satisfaction [J]. Multimedia tools and applications, 2021,80(5):7103 - 7124.

[20] Algharabat R, Rana N P, Dwivedi Y K, et al. The effect of telepresence, social presence and involvement on consumer brand engagement: an empirical study of non-profit organizations[J]. Journal of retailing and consumer services, 2018(40):139 - 149.

[21] Eneizan B, Alsaad A, Alkhawaldeh A, et al. E-wom, trust, usefulness, ease of use, and online shopping via websites: the moderating role of online shopping experience [J]. Journal of theoretical and applied information technology, 2020,98(13):2554 - 2565.

[22] Gefen D, Karahanna E, Straub D W. Trust and TAM in online shopping: an integrated model [J]. MIS quarterly, 2003,27(1):51 - 90.

[23] Cyr D, Hassanein K, Head M, et al. The role of social presence in establishing loyalty in e-service environments [J]. Interacting with computers, 2007,19(1):43 - 56.

[24] Algharabat R, Shatnawi T. The effect of 3D product quality (3D - Q) on perceived risk and purchase intentions: the case of apparel online retailers[J]. International journal of electronic business, 2014,11(3):256 - 273.

[25] Lee M, Hong J H, Chung S, et al. Exploring the roles of DMO's social media efforts and information richness on customer engagement: empirical analysis on facebook event pages[J]. Journal of travel research, 2021,60(3):670 - 686.

[26] Ocepek M G. Sensible shopping: a sensory exploration of the information environment of the grocery store[J]. Library trends, 2018,66(3):371 - 394.

[27] Özsomer A, Altaras S. Global brand purchase likelihood: a critical synthesis and an integrated conceptual framework[J]. Journal of international marketing, 2008,16(4):1 - 28.

[28] Giesler M, Humphreys A. Tensions between access and ownership in the media marketplace [J]. ACR north American advances, 2007(34):696 - 700.

[29] Batra R, Ramaswamy V, Alden D L, et al. Effects of brand local and nonlocal origin on consumer attitudes in developing countries[J]. Journal of consumer psychology, 2000,9(2):83 - 95.

[30] Vigneron F, Johnson L W. Measuring perceptions of brand luxury [J]. Journal of brand management, 2004,11(6):484 - 506.

[31] Tynan C, McKechnie S, Chhuon C. Co-creating value for luxury brands[J]. Journal of business research, 2010,63(11):1156 - 1163.

[32] Das G, Mukherjee A, Smith R J. The perfect fit: the moderating role of selling cues on hedonic and utilitarian product types[J]. Journal of retailing, 2018,94(2):203 - 216.

[33] Jeon J-E. The impact of brand concept on brand equity[J]. Asia pacific journal of innovation and entrepreneurship, 2017,11(2):233 - 245.

[34] Sengupta J, Fitzsimons G J. The effects of analyzing reasons for brand preferences: disruption or reinforcement? [J]. Journal of marketing research, 2000,37(3):318 - 330.

[35] Kapferer J-N, Bastien V. The specificity of luxury management: turning marketing upside down [J]. Journal of brand management, 2009(16):311 - 322.

[36] Abrar M, Bashir M, Shabbir R, et al. Role of personality and social factors towards purchase of luxury clothing in online settings: moderating role of vanity [J]. Paper presented at the

European online journal of natural and social sciences: proceedings, 2019,81(1):42 - 51.
[37] Minton E A, Geiger-Oneto S. Making one's religious self feel better about luxury use: the role of religiosity in choice of disposal option for luxury goods[J]. Journal of consumer behaviour, 2020,19(6):581 - 593.
[38] Pasricha D, Jain K, Gautam S. Attitude of Indian consumers towards counterfeit luxury brands [J]. IUP Journal of management research, 2019,18(1):79 - 101.
[39] Vigneron F, Johnson L W. A review and a conceptual framework of prestige-seeking consumer behavior[J]. Academy of marketing science review, 1999,1(1):1 - 15.
[40] Jiang C, Rashid R M, Wang J. Investigating the role of social presence dimensions and information support on consumers' trust and shopping intentions[J]. Journal of retailing and consumer services, 2019(51):263 - 270.
[41] Whitley S C, Trudel R, Kurt D. The influence of purchase motivation on perceived preference uniqueness and assortment size choice[J]. Journal of consumer research, 2018, 45(4): 710 - 724.
[42] Nili M, Delavari D, Tavassoli N, et al. Impacts of utilitarian and hedonistic values of online shopping on preferences and intentions of consumers[J]. International journal of academic research in business and social sciences, 2013,3(5):82 - 92.
[43] Gefen D, Straub D. Managing user trust in B2C e-services[J]. e-Service, 2003,2(2):7 - 24.
[44] Liu L, Dzyabura D, Mizik N. Visual listening in: extracting brand image portrayed on social media[J]. Marketing science, 2020,39(4):669 - 686.

融合情境下受众跨媒介消费中的迁移行为研究

——以《盗墓笔记》为例

张　晗[①]　曾旺盛[②]

【摘　要】 在当前多元化媒介形态相互融合的背景下，受众的媒介消费形式不再是传统的单一媒介消费，而是一种新的跨媒介消费。处在跨媒介叙事网络中的受众，通过在不同平台之间的迁移、流动和追踪，来填补、拼凑并串联起各媒介所承载的叙事内容。本文以《盗墓笔记》为研究案例，对受众的跨媒介迁移行为进行考察。研究发现，粉丝效应、产品宣传和社群互动是影响受众跨媒介迁移的主要推力因素，品牌口碑、作者参与和受众期待是主要拉力因素，产品质量、主创阵容和社会影响是主要锚定因素。同时，因受复杂的外在环境影响，锚定因素又会对推力因素和拉力因素起到一定调节作用，共同影响受众在跨媒介消费中的迁移行为。

【关键词】 跨媒介消费；盗墓笔记；跨媒介迁移；PPM 理论

在数字技术的发展和作用下，多元化的媒介形态相互融合，内容的跨渠道流动、媒体产业的跨界合作以及在不同媒介之间迁移的受众，共同构成了融合文化的运行逻辑[1]。在此背景下，受众的媒介消费形式不再如同传统环境下的单一媒介消费那般，而是形成了一种新的跨媒介消费。受众在消费时处于跨媒介的故事网络中，并通过不同媒介对多元分布的叙事元素与故事文本形成互动[2]，他们对故事内容的需求不再局限于某个单一媒介，而是通过在不同平台之间的迁移、流动和追踪，来填补、拼凑并串联起各媒介所承载的叙事内容。

一、研究背景与研究问题

1. 研究背景

互联网娱乐业的兴起、IP 概念及多元开发模式的出现，以及国家政策“文化安全、文化自信”的提出，共同催生了“泛娱乐”概念，它是指基于互联网和移动互联网的多领域共生，

① 深圳大学传播学院副教授、硕士生导师。
② 深圳大学传播学院 2019 级硕士研究生。

打造以IP为核心的粉丝经济,其核心是IP,可以是一个故事、一个角色或者其他任何大量用户喜爱的事物[3]。近年来,IP(Intellectual Property,能带来效应的知识产品)成为席卷全球的热门概念,在内容生产领域,IP代表了故事版权经平台进行授权、改编及特许经营的项目开发。然而,在媒介融合的时代,IP运营已经突破了原有的边界,成为融合出版、影视、实景娱乐、网络游戏、动漫、衍生品等多种形态的综合开发模式。在当今的多元化媒体环境中,媒介的融合不仅是技术上的变迁,也在改变着消费者看待娱乐和消费产品的逻辑[4]。在媒介融合的背景之下,受众开始在不同的媒介平台之间流动、迁移和消费,多层次、多平台、多切入点的"故事世界"模式正在崛起。

2. 研究问题

在当下多元媒介相互融合的环境中,如何最大化开发优质IP的价值,是市场和企业最关心的问题。与西方基于电影文本的故事开发不同,我国的IP开发基本是从文学类文本开始,尤其是近年来被大量开发为影视作品的网络文学。在"泛娱乐"概念提出之前,基于IP的开发基本都是遵从产业链条的线性开发,与美国的跨媒介式开发有很大差距。我国长期以来都缺乏像"黑客帝国""漫威系列""星球大战"这样真正以跨媒介叙事模式进行开发的作品,而《盗墓笔记》是我国少数由创作者直接参与开发的大IP,与西方的跨媒介叙事开发模式最为接近。然而,目前还少有人关注受众在不同媒介产品之间是如何进行选择和迁移的,以及受众的迁移行为又会受到哪些因素的影响。基于此,本文从受众的角度出发,在多媒介融合和跨媒介消费的情境下提出以下研究问题:①是什么因素导致受众在跨媒介消费中产生迁移行为?②受众在跨媒介消费过程中的迁移行为受到哪些因素的影响?③受众在跨媒介消费过程中的迁移规律是怎样的?④受众的迁移行为会受到哪些阻碍或者会在什么情况下终止?

二、理论基础与文献综述

1. 理论基础

本文以跨媒介叙事理论为主要指导,以PPM(Push-Pull-Mooring,推-拉-锚定)理论作为研究受众跨媒介消费中迁移行为的理论框架。跨媒介叙述理论由亨利·詹金斯(Henry Jenkins)于2003年在其著作《融合文化:新媒体与旧媒体的冲突地带》中正式提出,他将跨媒介叙事定义为:"一个跨媒体故事横跨多种媒体平台展现出来,其中每一个文本都对整个故事做出了独特而有价值的贡献,其理想形式是每一种媒体出色地各司其职、各尽其责。"詹金斯着重强调了受众在跨媒介叙事中的中心地位。与传统的基于原始文本和辅助产品的叙事模式相比,跨媒介叙事是系列产品发展得更为综合的一种方式,它以一个故事世界为核心,继而分裂、扩展成多个独特而富有价值且非简单挪用的故事碎片,合理分布在多种媒体平台上,作为一个有机整体提供给多层次受众体验故事世界,并实现虚拟世界与现实世界的融合。

PPM理论最早用于研究人口迁移问题,用以揭示人们从一个地理区域移动到另一个地理区域的决策分别受到推力和拉力的影响[5]，该理论的最终形成得益于布鲁斯·穆恩(Bruce Moon)在其研究中引入了“锚定”(mooring)的概念[6]，最终形成了PPM理论框架。尽管该理论起源并发展于社会学，但因为人类的迁移行为与消费者在商家间的转移行为具有一定相似性，该理论被引入到营销学领域并被广泛使用，主要用于研究消费者的动机和行为关系[7]。在营销学领域，当消费者对某类产品或服务的使用频率下降，而对其替代品的需求增多时，即可看作转移行为发生。哈维尔·S. 班萨尔(Harvir S. Bansal)是首个将PPM理论框架引入到营销学中的学者，其实验结果表明该模型对变量的解释明显优于其他模型[5]，该研究在营销学领域引起了广泛关注，同时也进一步深化了PPM理论的应用探索。

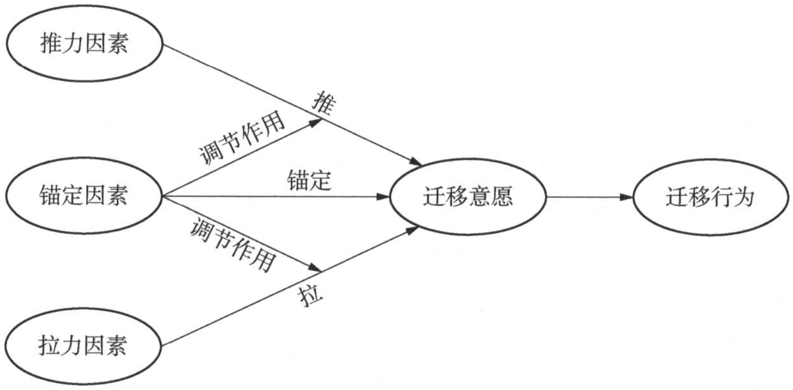

图1 PPM迁移理论模型

2. 文献综述

1) 媒介消费的主要方向

媒介消费是伴随媒介而出现的，现代意义上的媒介生产与消费已经存在了200多年[8]。受技术浪潮的推动，人们的媒介消费经历了从报刊、书籍消费到广播、电视消费再到互联网消费的变革。如今，媒介消费者享受着空前丰富的媒介形态，学界对媒介消费的研究也显著增多。早在19世纪末，学界就已开始了针对媒介消费的研究，美国经济学家托斯丹·B. 凡勃伦(Thorstein B. Veblen)于1899年提出的广义消费概念，被认为是媒介消费研究的开端[9]。随着互联网的产生和迅速发展，媒介消费的内涵和外延被无限扩张，相关研究也随之显著增加。然而，学界最主要关注的还是不同主体和不同类型的媒介消费，尤其是在媒介消费过程中的媒介使用环节[10]。例如，有学者通过调查西班牙加泰罗尼亚的14～16岁学生，揭示青少年的媒介使用受到同龄人的显著影响[11]，这对本文关注身边人对迁移行为的影响有所启发。国内学者对媒介消费也进行了较为广泛的研究，主要集中于媒介消费的概念研究[12](包括内涵、外延等)、不同主体的媒介消费研究[13]、不同媒介的媒介消费研究[14]以及媒介消费影响因素[15]四个方面。由于影响因素原本就是一个复杂且庞大的课题，学者们对于媒介消费影响因素的划分标准也没有相对统一的答案，所以要提炼出归纳性的内容相对困难。

2) 跨媒介消费研究的滞后性

跨媒介消费的概念源于跨媒介叙事理论,主要代表在融合文化的媒介生态情境中接收端的一种新结构和新模式。尽管针对跨媒介叙事的研究已经受到广泛关注,但对于受众持续的忠诚和参与跨媒介故事世界的研究仍存在缺失[16]。贝希杰·E. 伊尔汗(Behice E. Ilhan)是最早提出并系统研究跨媒介消费(transmedia consumption, TMC)的西方学者,他以詹金斯关于粉丝游牧行为的研究成果为基础,将迁移确定为跨媒介消费的重要过程,并对跨媒介消费的类型、模式等诸多方面进行了探讨[17]。尽管西方学者早在十年前就提出并系统研究过跨媒介消费,但与从文本角度展开的跨媒介叙事研究相比,从受众角度展开的跨媒介消费研究仍"差之千里",即使有学者意识到了受众研究板块的缺失,短时间内也很难填补上这部分的空白。

反观国内,直接研究跨媒介消费的文章到2017年才出现,在此之前,相关的探索都散落于各类与跨媒介叙事相关的文献中,并且多是对其概念的界定和探讨[18]。梁媛媛的《跨媒介叙事视域下的IP运营模式研究》是国内较为系统地研究跨媒介消费的文章,其中用一个章节介绍了"跨媒介叙事参与性下的IP消费模式",包括跨媒介消费的内涵、类型和迁移模式等[19]。但与西方学者伊尔汗2011年的研究对比,在迁移模式上反而不及前者系统和科学,受众迁移的动机和障碍也具有极大的相似性。陆朦朦通过梳理跨媒介消费的内涵、对象、特点等,指出跨媒介消费的对象是以故事世界为内容架构、IP为连接的跨媒介文本,具有内容的互文性和故事世界的可扩张性[20]。这篇文章系统且清晰地对跨媒介消费的内涵、对象、特征进行了梳理和讨论,但毕竟是理论的思考和总结,缺乏后续的实证为其提供支撑。

3) 迁移在跨媒介消费中的重要地位

本文所指的"迁移"是受众的跨媒介迁移,关于跨媒介迁移的研究基本与跨媒介消费同步,毕竟学者在研究跨媒介消费时不可能对迁移避而不谈,这也说明了迁移在跨媒介消费中的重要性。伊尔汗在借用德赛都(Michael de Certeau)和詹金斯关于粉丝游牧行为研究成果的基础上,将迁移确定为跨媒介消费的一个重要过程,并以美国电视剧《迷失》(*Lost*)为例探索了当时消费者跨媒介迁移的模式[17]。这是较早直接系统研究受众在同一作品内容下的迁移行为的文章,对后续研究具有极大的启发性。国内学者关注到跨媒体迁移要早于对跨媒体消费的关注,这与我国的文化产业发展和"IP热"现象有很大关系。朱欢以"《胡萝卜须》音乐—童书"畅销模式为例研究了媒介融合下的受众迁移,认为受众迁移的传播内因是歌手许嵩作为"意见领袖",推动了受众从"了解阶段"到"采纳阶段"的转变[21]。这是国内最早关注到受众跨媒介迁移现象的文献之一,但受众的跨媒介迁移是在多种因素的共同作用下发生的,将其传播内因归于歌曲发布者的带动作用显得相对单一。

尽管跨媒介叙事理论自提出以来经过叙事学、符号学、媒介文化、市场营销等多个学科的研究,并初步形成理论体系,但由于作者要兼顾的内容过多,导致对迁移行为的研究不够深入。随着短视频、有声书等媒介形式在近两年的持续火爆,受众在同一IP延伸下的媒介产品间迁移的模式是否还如其他学者描述的一样？影响受众在不同媒介产品中迁移的因素是否发生了改变？又有哪些因素阻碍了受众从一种媒介产品到另一种媒介产品的迁移？对此，本研究引入PPM理论，以推力因素、拉力因素和锚定因素为框架进行分析，为后续相关研究提供一个新的参照视角。

三、研究发现

本文采用质化研究网络民族志的方法，于2021年6—9月期间在"盗墓笔记"相关贴吧、豆瓣小组等线上论坛和平台进行参与式观察，并适时通过评论互回的方式，对部分具有代表性的网友进行了采访。通过对所得资料进行整理和分析，结合本文所引入的PPM理论，将影响受众在跨媒介消费中产生迁移行为的因素总结如下：

1. 推力因素：粉丝效应、产品宣传及社群互动

1）粉丝效应

受众的跨媒介消费过程受到多方因素的共同影响，但当下的许多网络文学作品能够大放异彩，很大程度上都得益于其庞大的粉丝群体。约翰·菲斯克(John Fiske)在《理解大众文化》一书中提出了"大众文化迷"的概念，将大众文化迷称为"过度的读者"[22]，粉丝的出现会形成一种较为特殊的粉丝个体行为，经过长时间的累积和聚集，最终形成一个庞大的粉丝群体。粉丝群体会自发地去关注与《盗墓笔记》相关的各种作品和产品，这是一种具有主动性的推力因素，直接推动了受众在不同媒介产品之间的迁移。例如，《盗墓笔记》作品中的"十年之约"，直接推动了粉丝们自发组织共赴长白山见证"张起灵回归"，带动长白山景区游客飙升50%[23]，每一次《盗墓笔记》相关作品上映都会有粉丝自发地为其宣传，即使没有新的产品更新，各大论坛、贴吧、豆瓣小组仍然保持高度活跃。这足以证明粉丝效应在受众迁移过程中发挥的巨大推动作用。

2）产品宣传

受众对于事物的认识和判断通常需要借助大众媒介，大众媒介虽然不会决定受众的行为，但会对受众的行为产生直接影响[23]。产品宣传带来的话题性讨论，能够直接吸引受众的关注，是作为一种外在的推力因素而存在的。从《盗墓笔记》以往作品的成绩来看，网络剧以27.45亿播放量位居"2015年度十大网络剧"榜首，电影冲破10亿荣登2016年第三季度票房冠军之位。这其中除了粉丝群体的支持以外，必然离不开产品宣发的作用。正是产品宣传带动了观众的兴趣(豆瓣网友"桃花朵朵开"：电影宣发中"剑指20亿"的豪言壮语的确让我充满了期待)，加上粉丝群体在百度贴吧、豆瓣、微博等社交媒体平台对产品的自发预热，推动受众产生了媒介产品之间的迁移行为。

3）社群互动

除了产品宣传的外在推力因素之外，受众在社群中的互动也是推动媒介迁移的重要因素。一方面，部分受众在观赏完作品之后会在社群内分享自己的感受和心得，以及自己在作品中发现的"隐藏惊喜"(百度贴吧网友"和蔼的lala501"：个人觉得电影不错，最后的结局

还留了悬念,期待我们一起探索),为电影营造出一种"神秘感";另一方面,受众在社交媒体上的互动也直接影响着"路人粉"是否会选择消费(豆瓣网友"孤岛":我看电影之前去豆瓣小组咨询过网友,他们告诉我虽比不上《寻龙诀》,但不是烂片),社群互动中的"一片叫好"必然会为新的媒介产品带来大批受众,推动受众产生媒介迁移行为,甚至发展为《盗墓笔记》的粉丝。

2. 拉力因素:品牌口碑、作者参与及受众期待

1) 品牌口碑

网络文学作品近年来之所以能持续火爆,是因为投资者看中了原始文本所积攒的品牌口碑,希望通过运营将其价值无限放大。《盗墓笔记》经过多年的开发和扩张,已经成为拥有电影、网络剧、舞台剧、游戏、动漫、唱片、有声书等多种媒介产品的巨大 IP。在网络剧上线之初,即使受众对其制作质量并不满意,但它还是取得了近 30 亿的播放量,这说明品牌口碑对受众有巨大的吸引力,可以带来话题度和关注度。《老九门》的文学作品一开始并没有很多人关注,但网剧上线时以"盗墓笔记前传"的标签出现在受众视野,引来了大量的关注(豆瓣网友"卓木":本来这部剧的质量只是一般,但有盗墓笔记在前,一下子觉得这部剧好看多了!),使得这部剧成为全网史上首部破百亿的自制剧。可见,品牌口碑在吸引受众方面的作用巨大,是吸引受众进行跨媒介迁移的重要拉力因素。

2) 作者参与

《盗墓笔记》与其他网络文学作品最大的不同之处在于,"盗墓笔记"IP 在开发过程中,南派三叔本人成立了南派泛娱公司并参与到整个布局中[24],"盗墓笔记"IP 的开发从单纯的版权出售转变为布局参与,真正被赋予了跨媒介的运作视野。南派三叔自 2006 年开始就在起点中文网开始连载小说,到如今已经获得了很大的知名度。据笔者在各平台所搜集的数据,南派三叔在微博的粉丝关注量为 1 313.6 万,百度贴吧关注量为 11.2 万,帖子数量超过 75 万,表明《盗墓笔记》作者本身就带有热度,这在很大程度上成为吸引受众跨媒介迁移的重要因素。当然,作者本人参与布局开发,除了其本身的知名度外,更重要的是其二度创作的轨道不至于偏离,犹如贯通于 IP 生态中的一股向心力,这是相对于改编更科学的开发方式,也是吸引受众的最主要拉力因素。

3) 受众期待

除了口碑和作者所带来的效应以外,受众自身的期待也是吸引受众进行跨媒介迁移的重要因素,当然,这里所指的期待是受众对于作品的期待。除前文所述的来自产品宣传和社群互动的推动力之外,还有受众表示会对作品的跨界融合有所期待。跨界融合将不同行业关联到网络文学的产业链中,打破了原有的行业门槛,实现业务的互联互通和资源的整合利用。尤其是近年来"泛娱乐"概念的兴起,将影视、动漫、出版、游戏等行业联结在一起,实现了一定程度上的跨界融合。例如,笔者在百度贴吧内发现,近期上线的《新盗墓笔记》手游中,就出现了"vivo 专属时装",并且有网友对其表示出了浓厚的兴趣(百度贴吧网友"祁弈":vivo 渠道的这个服装长啥样,好期待啊!),这表明受众对产品跨界融合的期待也成为其进行跨媒介迁移的重要拉力因素。

3. 锚定因素:产品质量、主创阵容及社会影响

1) 产品质量

虽然《盗墓笔记》是文学和影视连接链条上一个异军突起的环节,但在内容为王的时代,只有最优质的内容才能获得持久的关注。《盗墓笔记》从2006年至今积累了庞大的粉丝数量,也逐渐实现了全产业链式的开发,但不得不承认,相比于辉煌时期,如今的《盗墓笔记》多数时候都是被人诟病的,也有很多人因为某一类媒介产品的粗制滥造,直接放弃了对整个IP的关注(豆瓣网友"应有葵花":《盗墓笔记》本身是一个很好的题材,但在电影获得高票房的同时,吐槽也纷纷而至,这无疑是一种"杀鸡取卵"式的开发),甚至有原著粉表示,在多次失望后便不会再关注其他的改编作品(百度贴吧网友"七丘之狼":最开始对改编还抱有希望,但最终整部剧魔改到离谱的程度,对改编没什么好感了)。可见,产品的质量在很大程度上阻碍了受众的跨媒介迁移过程。

2) 主创阵容

当一部作品要被改编时,无论是"路人粉"还是"原著粉"都会对演员阵容有所期待,很多所谓"原著粉"甚至会把作品的不成功归咎于演员阵容上(百度贴吧网友"绮霖思云":我觉得《终极笔记》的剧情还原度是最高的,但是选角不行,所以口碑也受到很大影响)。部分受众还会因为对演员阵容的不满意而放弃体验或消费,受众也并不会因为演员的"颜值"而忽略其表演(豆瓣网友"fu7hua":即使我是张艺兴的粉丝,这部剧我也只能给三星)。更有受众会直接因为导演或剪辑的"拉胯",在下次出现相同阵容的时候选择放弃,或是在社交媒体平台上发文表明自己觉得适合的演员阵容(百度贴吧网友"杨二哥-":想到了很适合本传吴邪的演员,张新成的年龄、形象各方面都合适,演技也是新生代演员里很不错的一位)。可见,主创阵容在受众跨媒介迁移过程中造成了不小的阻碍。

3) 社会影响

社会影响对受众跨媒介迁移的阻碍作用相对特殊,不同的作品可能有其相关的不同环境,本文所选取的《盗墓笔记》是一种盗墓题材的IP,在一定程度上会对社会造成一些不良影响。《盗墓笔记》网络剧在2016年就因涉及血腥暴力和封建迷信被要求下架整改,因为这些信息可能给受众的视觉、心理乃至思想上造成伤害,还有一些粉丝会去模仿剧中人物的盗墓行为,最终被绳之以法。盗墓在我国本身就是一种违法行为,加上受众个人兴趣爱好和理解能力的差异,在这种行为演变成现实版且造成一些社会影响后,势必会给原作品带来一些负面影响,一定程度上会阻碍部分受众的跨媒介迁移意愿。

四、结论与展望

跨媒介迁移本身是伴随跨媒介叙事理论而产生的概念,在西方已经有较为完善的理论体系,但我国因缺乏真正的跨媒介叙事作品,长期以来相关理论的发展极为滞后。近年来,有叙事学、营销学等领域的学者逐渐关注跨媒介叙事理论,也从叙事学等学科角度对跨媒介叙事理论进行了本土化研究,但已有研究大多是从开发和创作(生产者)的角度出发,极

少有人从受众(消费者)角度关注其所产生的跨媒介迁移行为。本文运用质化研究中的网络民族志的方法,通过网络参与和网络访谈的方式获得一手资料,并以市场营销学领域引入的PPM理论作为框架,对受众产生跨媒介迁移行为的影响因素进行了分析。研究发现,粉丝效应、产品宣传和社群互动是影响受众跨媒介迁移的主要推力因素;品牌口碑、作者参与和受众期待是影响受众跨媒介迁移的主要拉力因素,产品质量、主创阵容和社会影响是影响受众跨媒介迁移的主要锚定因素。受复杂的外在环境影响,锚定因素又会对推力因素和拉力因素起到一定调节作用,共同影响受众在跨媒介消费中的迁移行为。然而,本文由于周期较短,且限于研究成本和时间精力,未能有效验证各影响因素的科学性。此外,选择网络民族志作为研究方法是否妥当也有待商榷。目前,有关跨媒介消费的研究成果还相对较少,希望在未来研究中能进一步深化和提升,也期望有更多学者能够关注受众的跨媒介消费及迁移行为。

参考文献

[1] 陆朦朦. 跨媒介消费:融合情境下基于IP连接的受众迁移研究[J]. 出版发行研究,2021(2):42-48.

[2] 李文文,朱丹红. 跨媒介叙事视域下网络游戏IP的运营模式研究:以《阴阳师》为例[J]. 新闻知识,2020(6):35-38.

[3] 申琳. 泛娱乐时代我国儿童IP运营研究[D]. 长春:吉林大学,2020.

[4] 聂艳梅. 媒介融合背景下的IP跨界运营策略研究[J]. 出版发行研究,2018(11):40-44.

[5] Bansal H S, Taylor S F, James Y S. "Migrating" to new service providers: toward a unifying framework of consumers' switching behaviors [J]. Journal of the academy of marketing science, 2005,33(1):96-115.

[6] Moon B. Paradigms in migration research: exploring "moorings" as a schema [J]. Progress in human geography, 1995,19(4):504-524.

[7] 张永,李子亚,邢惠莹. 基于PPM理论的消费者跨渠道保留意愿影响因素研究[J]. 商业经济研究,2019(13):52-54.

[8] 文长辉. 媒介消费学[M]. 北京:中国传媒大学出版社,2007:8.

[9] 陈娟. 知乎网媒介消费效果研究[D]. 保定:河北大学,2017.

[10] 陈迪. 基于新媒介技术的网络媒介消费影响研究[D]. 武汉:武汉理工大学,2019.

[11] Escardibul O, Mora T, Villarroya A. Peer effects on youth screen media consumption in Catalonia (Spain) [J]. Journal of cultural economics, 2013,37(2):185-201.

[12] 肖赞军. 媒介消费的排他性与传媒经营制度[J]. 消费经济,2006(2):42-45.

[13] 魏瑞. "80后"和"90后"媒介消费比较研究:以在校大学生、研究生作为研究样本[D]. 开封:河南大学,2012.

[14] 张建,黄永宜. 网络媒介消费:一种崭新的生活方式[J]. 新闻爱好者,2011(21):29-30.

[15] 黄可,柯惠新. 本源、动力与核心:媒介消费的影响因素及其作用机制研究[J]. 新闻与传播研究,2014,21(04):26-41,125-126.

[16] Van Leeuwerden T. Transmedia storytelling: the benefits of participative consistency and the hidden markov model [D]. Breda: NHTV Breda University of Applied Sciences, 2015.

[17] Ilhan B E. Transmedia consumption experiences: consuming and co-creating interrelated stories

across media [D]. Urbana: University of Illinois at Urbana - Champaign, 2011.
[18] 张天莉,王京.融合的受众及其媒介习惯的新特征[J].电视研究,2013(4):33-35.
[19] 梁媛媛.跨媒介叙事视域下的IP运营模式研究[D].武汉:华中科技大学,2017.
[20] 陆朦朦.跨媒介消费:融合情境下基于IP连接的受众迁移研究[J].出版发行研究,2021(2):42-48.
[21] 朱欢.媒介融合下的受众迁移——以"《胡萝卜须》音乐:童书"畅销模式为例[J].中国报业,2013(6):109-110.
[22] 费斯克.理解大众文化[M].王晓珏,宋伟杰,译.北京:中央编译出版社,2001:173.
[23] 秦晴.网络文学衍生品的传播现象分析[D].南宁:广西大学,2017.
[24] 注:南派泛娱有限公司成立于2014年初,由叶方仓、叶在飞、陈戴阁和南派三叔(徐磊)共同创立,2016年5月由"南派投资管理有限公司"正式更名为"南派泛娱有限公司"(资料来源于企业官网)。

算法推荐新闻的可信度及其影响因素研究

董开栋[①]　周玉也[②]

【摘　要】 人工智能技术飞速发展，算法推荐新闻也随之进入公众视野并获得巨大发展。算法推荐新闻可信度研究可以深化智媒时代的新闻可信度理论体系，其相关研究结果对算法平台运营者和政府监管部门也具有一定的参考意义。本文以在校大学生为样本进行问卷调查，分析算法推荐新闻的可信度及其影响因素。研究发现，算法推荐新闻的相对可信度较低，不同来源和内容的算法推荐新闻之间可信度差异较大，而人际信任程度与对算法推荐类新闻平台的依赖程度对可信度的影响最为显著。

【关键词】 算法推荐新闻；用户；可信度；媒介素养

人工智能技术推动了新闻业的结构性变革，算法推荐新闻如今已成为公众所熟知和常用的新闻形态。蓬勃发展的聚合类新闻 App（如《今日头条》《天天快报》等）为算法推荐新闻的发展提供了平台，但是，算法推荐新闻的出现也伴随着一定的弊端。算法推荐新闻的运作主要依赖于对用户数据的收集、分析和归类，以此为依据给用户推荐“算法认为其喜爱”的内容，但数据本身的不准确、算法设置的主观性以及算法平台的隐形控制等问题，导致算法推荐新闻遭受诸多质疑。若用户多次收到自己不喜爱或不赞成的新闻信息推送，也会产生对算法推荐新闻的不信任，从而在一定程度上降低对聚合类平台的使用。

目前，国内外学者重点对算法推荐新闻的应用模式和应用效果进行了研究，并提出了一系列伦理风险质疑与相应的治理路径。由于算法推荐新闻在国内迅猛发展，国内学者集中关注算法推荐新闻的生产与应用情景，但在用户方面的研究较为薄弱，尤其是基于量化研究的经验较少，具有实证证据的相关结论不够充分。

在此背景下，本文立足于用户，通过对大学生进行实证性调查研究，初步探索用户对算法推荐新闻的态度，重点关注算法推荐新闻的可信度及其影响因素，并在实证数据分析的基础上，为平台的管理运营提供参考和借鉴。

---

① 广州大学新闻与传播学院讲师。
② 香港城市大学媒体与传播系硕士研究生。

一、相关文献回顾与概念界定

1. 算法推荐新闻

算法技术出现后，算法新闻和算法推荐新闻成为主要的应用形态。算法新闻(algorithmic journalism)指运用算法技术，以新闻生产机器人为主、自动化生产的新闻。它依赖于飞速发展的计算机自然语言生成技术。其原理是机器人从结构化数据中提取相关信息，依照一定规律自动生成大量文本。与算法新闻相比，算法推荐新闻除了需要计算机自动生成文本，还需要通过数学算法推测用户的喜好，进而实现个性化推送[1]。它通常需要分析网民的点击热度和受众的个性化画像、浏览方式和行为、所处的地理学位置、与其他网民的社交关系和相似性等大量数据[2]。在国内，《今日头条》《天天快报》和《一点资讯》等是算法推荐新闻的主要平台。

具体来说，算法推荐新闻有两个明显特点：一是数据的庞大性，需要在大量数据中进行学习，得出普遍规律后运用到实际中，将新闻精准推送给目标用户；二是推荐方式的智能化，在新闻推送过程中，以计算机算法来把关，决定新闻在时空上的推送。

2. 新闻可信度

新闻可信度研究是新闻传播学的经典主题。大多数研究认为，新闻信息可信度的测量可以从信息源、信息内容和媒介等不同维度出发。其中，信息源可信度是信息源的信任状况，信息内容可信度是受众对信息内容的直观感受，媒介可信度指的是大众对新闻媒介的信任情况[3]。

智能算法出现之后，机器人新闻的可信度渐渐引起了学者的注意。克里斯特·克莱沃(Christer Clerwall)发现，即使是学习传播学的学生，也无法准确分辨出机器人文章和记者编写文章的区别[4]。荷兰学者希勒·范·德·卡(Hille van der Kaa)等指出，新闻记者和大众对于新闻可信度和质量的评估没有差别[5]。

就算法推荐新闻而言，学界目前重点关注其对信息茧房的影响效应，但对其本身的可信度研究缺乏足够的重视。喻国明和方可人通过对一线到五线城市的社区人口进行分层抽样，采用问卷调查法调查其对算法运营平台的态度，以期研究信息茧房的存在。研究结论表明，算法并未如许多学者所假设的那样，让受众接收到更少的信息，反而让他们更加信任传统媒体等不运用算法进行筛选的渠道[6]。

二、研究问题与设计

1. 研究问题与方法

本文希望通过针对大学生群体的探索性研究，得出其对算法推荐新闻信息的信任情况，推测受众对算法推荐新闻可信度的判断，并归纳受众质疑算法推荐新闻的理由。具体而言，本文将采用问卷调查法对全日制大学生进行调查。

本文所选择的大学生群体，普遍都接受过高等教育，处于心智发展的旺盛阶段，对事物充满好奇。当接触新闻信息时，普遍能够依据自己的想法给出判断。此外，大学生是互联网的主要用户群体，其对于算法推荐新闻信息可信度的判断，在很大程度上可以反映社会大众的整体判断。因此，本文选择大学生群体来进行研究，是较为合适的。

通过量化研究，本文希望能够大致了解大学生群体对于算法推荐新闻信息可信度的整体判断是怎么样的，他们的判断是否会受到新闻来源、类型的影响，而影响他们的信任情况的因素还有什么。

本文尝试设置三类变量，分别是人口学特征、信任状况和媒介素养，并认为人口学特征和媒介素养特征对大学生的信任判断影响较大。同时设置四个判断维度，检验网络使用技能、算法平台的参与和依赖程度、新闻信息的批判能力与新闻可信度之间的关系。

研究问题 1：大学生群体对算法推荐新闻信息可信度的整体判断如何？

研究问题 2：算法推荐新闻的来源、类型是否会影响大学生群体对其可信度的判断？

研究问题 3：人口学变量、对社会的信任、媒介素养是否影响大学生群体对算法推荐新闻信息可信度的认知？

研究问题 4：影响大学生对算法推荐新闻不信任的因素有哪些？

2. 问卷设计

1) 对算法推荐新闻信息可信度的整体判断

本文希望通过测定算法推荐新闻信息相对可信度判断大学生对算法推荐新闻信息的可信度。算法推荐新闻信息是新闻信息的一个子类，因此需要与非算法推送方式的新闻进行整体性比较。

与算法推荐类平台相比，非算法推荐类的新闻分发渠道主要是通过记者的价值判断和新闻的重要性程度进行排序。本文选出了大学生日常生活中主要接触的新闻渠道，分别为：报纸、媒体网站、媒体公众号、电视、广播、政府网站，并将其与算法推荐新闻进行比较，从而判断出大学生群体对算法推送和算法推荐技术的总体信任程度。

2) 不同类型(内容)算法推荐新闻的可信度

此外，需要明确不同类型的算法推荐新闻信息是否会产生不同的信任效果。

中国人民大学的喻国明教授将当今的网络新闻主要划分为 14 大类，并让受访者通过打分来对可信度进行排序[7]。结合本文的研究目的，将喻国明教授划分的 14 类重新归纳简化为以下几种类型：国内外政治新闻、娱乐新闻、批评揭露新闻、政策解读新闻、典型报道新闻、财经新闻、灾难事故新闻、体育新闻、社会问题新闻。

3) 不同来源算法推荐新闻的可信度

新闻聚合类平台作为各类信息聚合的平台，其新闻来源并非只有传统新闻媒体及从业者，因此比较不同来源的新闻对于研究算法推荐新闻的信任状况格外重要。

以人民日报社为例，其新闻来源主要有以下 6 种：媒体、企业、党政机关、名人、网民个体、各类机构[8]。因此，本文根据内容要求，主要考究以下几个新闻来源的可信度，分别为：传统媒体及其从业者、门户网站设立的新闻平台(如头条新闻)、社会公共组织平台等。

4）网民质疑算法推荐新闻信息的理由

刘琼在对受众质疑网络新闻可信度理由的研究中提取了14个条目。①信息来源方面：网络信息来源各式各样、良莠不齐，真实性难以判断，各项审查不严导致信源总体质量下降，某些信息来源缺乏权威性；②信息内容方面：假新闻比比皆是，网络跟风现象严重，低俗、炒作新闻增加，娱乐化成为最大特点，网络有害信息也较多；③网络从业者方面：网络从业者的素质较低；④网络管制方面：相关法律法规有待完善；⑤网络媒介特性方面：网络虚拟性和审查机制的缺乏导致可信度降低，网络关系中传受关系转移等[9]。

结合算法推荐新闻的特征，本文假设的因子具体为：算法推荐新闻推送来源不明，权威性无法保障；算法推送审查不严，推送内容质量差；算法推荐新闻总体依据大众喜好，内容娱乐性倾向严重，多含有害信息；算法推送新闻受到某些因素（如买热搜等）影响，使得公平性不受保障；推送内容一味追求点击率，广告新闻现象严重。

5）网络使用技能

王书怡在对上海中老年人的研究中，将社交媒介的使用能力分为四个维度。①社交媒体认知能力：能否正确认识社交媒体；②社交媒体信息辨析能力：能否辨别社交媒体信息的真假；③社交媒介使用能力：对于文字的阅读能力如何等；④社交媒介参与能力：能否主动参与社交互动[10]。

在新闻摄取能力的基础上，本文以此构建了网络使用技能量表，包括：了解权威媒体、主流媒体；知道主要的新闻摄取平台；懂得如何分类阅读新闻；懂得如何转载、收藏新闻信息；懂得如何下载新闻图片；懂得如何发表新闻评论；懂得如何在内容聚集平台爆料、发表新闻。

6）新闻信息批判能力

陈伟明曾对青少年的媒介信息处理能力进行研究，他认为，当一个青少年拥有思考和质疑能力、拒绝有害信息的能力、质疑所接触信息的能力、核实信息的能力时，则认为这个青年具有媒介信息的处理能力。这四个能力之间可以互相影响[11]。

本文将采用周葆华和陆晔所采用的《媒介信息处理能力问卷》中的指标进行新闻信息批判能力的测量[12]。结合本文的研究主题与语境，设计量表如下：阅读新闻时，我会主动寻找“弦外之音”；我会质疑报道内容和细节；我能够拒绝新闻信息中的一些观点；我会通过一些途径来确认新闻信息的真实性；我认为我能够判断出新闻信息的可靠性；我会用自己的方式解读我看到的信息；我可以很快提取出我想要的新闻内容。

7）内容聚合类平台参与程度

本文将针对内容聚合类平台参与程度，利用如下指标设计量表，其题项构成为：我会习惯转发、收藏、点赞新闻；我常会在新闻下表达自己的想法；我时常会积极参与新闻客户端话题的讨论；我会尝试发表时评文章。

8）内容聚合类平台依赖程度

内容平台的依赖程度也是构成媒介素养的一个重要维度。其中，新闻平台的耐受程度和登录频率是最能反映受众依赖程度的指标。

陈思佳在研究了受众对《抖音》的媒介依赖表现后,发现受众对 App 的依赖程度主要表现在:①对媒介产生心理和行为的双重沉浸,对短视频内容感兴趣,对消息提醒抱有期待,不观看短视频时,会产生百无聊赖、心理烦躁等负面情绪,且想持续不断地观看;②对媒介的依赖趋向于人际和群体依赖[13]。

结合本文研究的对象,设计量表如下:遇到想了解的话题会第一时间上内容聚合类平台搜索;一天不看新闻 App 会觉得缺少了什么;与看报、看新闻相比,我会更喜欢在内容聚合类平台阅读新闻;有手机推送新闻时,我会在第一时间查看;我会期待热点新闻的更新。

9) 社会信任

社会信任主要分为经济、文化和政治信任三个领域,本文主要研究人际信任层面[14],测量并检验其与算法推荐新闻可信度的相关关系。对于社会信任的测量,主要采用王飞雪等人的一般信任量表来测量,并将其简化为:大多数人是值得信任的、我相信他人、大多数人都相信他人[15]。

10) 人口学变量

基于本文调查对象在选取上的相似性,调查其人口学变量时,仅设置性别、学历、专业三个基本问题。

新闻传媒相关专业的学生由于学习了社会理论和媒介理论,其判断可能会受到影响[16],因此,问卷中将调查对象分为新闻传播类、理工类、农医类、艺术类、文史类(除新闻传播)。

3. 抽样

考虑到研究的便利性,本文主要采用偶遇抽样的方法,通过在问卷星上发布问卷,在大学生群体中进行传播,主要群体为广州大学城的在读研究生和本科生,涉及各个专业。

三、数据分析

1. 问卷执行情况

本次问卷发放时间是 2021 年 3 月,共回收问卷 399 份。

其中,参与调查的男女比例接近 1∶1,主要以本科生为主,理工类专业人数占比最大(达到 36%),新闻传播类专业和文史类(除新闻传播类)参与统计的人数差别不大。

2. 大学生对于算法推荐新闻信息的信任情况

1) 算法推荐新闻的相对信任状况

如表 1 所示,不同平台之间的可信度存在一定差异,其中政府网站、电视新闻、报纸新闻的可信度最高,而算法推荐新闻的可信度仅高于社交媒体,在 7 类平台中排名倒数第二,相对可信度并不乐观。

表1　不同平台的可信度

	平均值	标准差
算法推荐新闻	3.190	0.7726
报纸新闻	3.885	0.8233
广播新闻	3.786	0.8566
电视新闻	3.974	0.7528
新闻网站	3.332	0.8563
社交媒体新闻	3.178	0.8704
政府网站	4.298	0.7398

2）不同来源的算法推荐新闻信息的可信度

如表2所示，各来源算法推荐新闻整体上是偏于可信的。其中，非学界/政界知名人士（如明星）和普通网民的平均值小于3，偏向不可信。可信度最高的三个来源分别是政务平台发布的新闻信息、社会机构的官方平台发布的新闻信息和专家学者发布的新闻信息。由此可见，算法推荐新闻信息的可信度状况与发布信息的来源的相关性在内容聚合类平台上依然存在。

表2　不同来源算法推荐新闻信息的可信度

	平均值	标准差
传统媒体及其从业者	3.477	0.7951
商业性新闻网站	3.473	0.8555
社会机构官方平台	3.733	0.8508
政务平台	4.043	0.8262
专家学者	3.638	0.8572
政府官员	3.585	0.8641
非学界/政界知名人士（如明星）	2.984	0.8804
普通网民	2.793	0.8924

3）不同类型的算法推荐新闻信息可信度

由图3所示，受众对不同类型的算法推荐新闻之间的可信度均值存在较大差异。其中，国内政治新闻、政策解读新闻以及典型报道新闻的可信度最高。与此同时，娱乐新闻的可信度低于3，属于普遍不可信的新闻类型。由此可见，受众对不同类型、内容的算法推荐新闻的可信度普遍存在差异。

表3　不同类型算法推荐新闻的可信度

	平均数	标准差
国外政治新闻	3.583	0.8598
国内政治新闻	3.921	0.8477
财经新闻	3.637	0.7557
娱乐新闻	2.781	0.7617
体育新闻	3.717	0.7353
灾难事故新闻	3.822	0.9232
批评揭露新闻	3.304	0.8657
社会问题新闻	3.565	0.8238
政策解读新闻/典型报道新闻	3.806	0.9056

3. 大学生质疑算法推荐新闻信息的理由

本文通过对问卷中算法推荐新闻不可信理由的因子进行分析，得出了大学生质疑算法推荐新闻的理由。

通过检验数据，确认收集的数据适合做因子分析，这是运用因子分析的基础。对样本进行分析后发现，此研究适合进行因子分析。进一步分析发现，在变量共同度当中，相当一部分高于0.6，说明存在共同因子。由此，这里所提取的三个因子分别命名为：①缺乏新闻(信息)伦理规范；②缺乏新闻专业精神；③来源不可靠。

4. 算法推荐新闻信息可信度影响因素分析

以信任状况为因变量，以合并变量(①信息判断能力；②算法推荐新闻平台依赖情况；③人际信赖情况；④算法推荐新闻平台参与情况)为自变量，利用SPSS软件的回归分析得到表4的结果：

表4　回归结果

	B	标准误差	β	t	显著性
常量	1.832	0.269		6.380	0.000
人际信赖	0.213	0.082	0.209	2.584	0.011
平台依赖程度	0.189	0.079	0.194	2.405	0.017

由此可见，在0.05的显著性水平下，只有人际信赖程度和算法推荐新闻平台的依赖程度两项入选，其他变量均被排除。这表明人际信赖程度和算法推荐新闻平台依赖程度对算法推荐新闻可信度具有显著的正向影响。

四、结论与讨论

本文通过对大学生群体的探索性研究，分析了其对算法推荐新闻信息的信任情况，探讨了算法推荐新闻可信度的影响因素，并归纳了质疑算法推荐新闻不可信的理由。具体结果发如下：

1. 算法推荐新闻信息可信度的总体状况

从新闻信息在不同平台的相对可信度情况来看，与广播电视、政府网站等相比，算法推荐新闻信息的可信度情况并不乐观。算法推荐新闻信息的可信度得分较低，仅处于“一般”水平，在 7 类平台中居于倒数第 2 位，仅高于社交媒体新闻，这表明大学生对算法推荐新闻信息持有怀疑态度。

而大学生群体对不同来源的算法推荐新闻信息可信度持有不同态度，其中，非学界/政界知名人士（如明星）和普通网民发布的新闻可信度较低，未达到“一般”水平。而政务平台发布的信息、社会机构官方平台发布的信息和专家学者发布的新闻信息可信度最高。这说明经典新闻可信度研究中的专业性和可靠性因素在算法推荐新闻平台上依然重要。另外，不同类型（内容）的算法推荐新闻之间的可信度差异也较大。

2. 算法推荐新闻信息可信度的影响因素

从数据的分析结果来看，本文假设的自变量中，只有人际信任状况以及对算法推荐新闻平台的依赖程度这两个因素对算法推荐新闻可信度造成了一定的影响，其他媒介素养因素没有造成显著影响。人口学变量影响不显著，可能的原因是大学生群体的年龄、社会阅历、受教育程度等特征相仿，群体内部对算法推荐新闻信息的判断不存在明显差异。网络使用技能、新闻信息批判能力、算法推荐新闻参与程度的影响不显著，可能的原因是新时代大学生群体的网络使用技能和新闻信息批判能力普遍较高，且算法推荐新闻的参与程度都不太高。深层的原因有待进一步探讨。

3. 质疑算法推荐新闻信息可信度的理由

本文提取出了三个因子来呈现大学生对算法推荐新闻不信任的原因：①缺乏新闻（信息）伦理规范；②缺乏新闻专业精神；③来源不可靠。算法推荐事实上充当了网络空间中信息生成和分发的编辑角色，内容能否推送、推送什么内容、推送给谁，往往由算法决定。尤其是当算法推荐的设计理念偏离正确导向，一味遵循“流量至上、利益至上”时，诸如“大数据杀熟”“饭圈乱象”、劣质低俗信息精准推送等问题便会随之而来。因此，要提高算法推荐新闻信息的可信度，各大平台应该坚持主流价值引领，提高算法把关人的新闻专业性，化解用户需求与算法客观性之间的矛盾，并通过算法透明性实践、算法规则升级改进、强化信息来源审核等方法来解决。

当然，本文也存在一些不足：一是研究对象局限在便利抽样的大学生群体中，因此，研究结论在推广到整体人群时存在效度问题；二是研究方法较为单一，用户质疑算法推荐新闻的理由有待通过质化访谈等方法进一步探究。因此，未来研究应尽可能按照聚合类平台的用户特征进行分层或配额抽取大额样，将质化与量化的方法结合起来，如此可较为全面地反映受众对算法推荐新闻信息可信度的现状，并揭示其背后的动机与原因，使研究结果更具可推广性。

参考文献

[1] 杨灿. 算法推荐新闻对用户的影响及对策[J]. 新媒体研究，2020(10)：45－47，60.

[2] 周葆华. 算法推荐类 APP 的使用及其影响：基于全国受众调查的实证分析[J]. 新闻记者，2019(12)：27－37.

[3] 郑越，杨帆. 记者和算法谁更值得信任："机器人新闻"可信度的影响因素探析[J]. 现代传播，2019(6)：63－67.

[4] Clerwall C. Enter the robot journalist: users' perceptions of automated content [J]. Journalism practice, 2014,8(5):519－531.

[5] Van der Kaa H, Krahmer E. Journalist versus news consumer: the perceived credibility of machine written news [C]//Proceedings of the computation＋journalism conference. Columbia University, New York: 2014:24－25.

[6] 喻国明，方可人. 算法型内容推送会导致信息茧房吗?：基于媒介多样性和信源信任的一项实证分析[J]. 山东社会科学，2020(11)：170－174，169.

[7] 喻国明，张洪忠. 中国广播电视公信力评测报告[J]. 民主与科学，2006(4)：9－15.

[8] 白净. 主流媒体打造内容聚合平台的现状与可能[J]. 青年记者，2018(31)：45－46.

[9] 刘琼. 中国网络新闻可信度研究[D]. 武汉：华中科技大学，2011.

[10] 王书怡. 上海中老年人社交媒介素养影响因素研究[D]. 上海：上海交通大学，2016.

[11] 陈伟明. 微博对青少年媒介信息处理能力的影响研究[D]. 南京：南京邮电大学，2014.

[12] 周葆华，陆晔. 从媒介使用到媒介参与：中国公众媒介素养的基本现状[J]. 新闻大学，2008(4)：58－66.

[13] 陈思佳. 短视频社交平台"抖音"的用户媒介依赖研究[J]. 新闻传播，2020(12)：35－36.

[14] 王飞雪，山岸俊男. 信任的中、日、美比较研究[J]. 社会学研究，1999(2)：69－84.

[15] 马得勇. 政治信任及其起源：对亚洲 8 个国家和地区的比较研究[J]. 经济社会体制比较，2007(5)：79－86.

[16] 王谦秋，陈丽娜. 微博新闻信息可信度研究：基于内地全日制在校大学生样本的调查数据[J]. 新媒体与社会，2012(3)：294－316.

平台型媒体治理与网络编辑的时代使命

刘　博[①]

【摘　要】 平台型媒体已成为当前媒体发展的主要模式和理想构型，它不仅改变了信息内容的生产形式、分发机制、互动模式，也重塑了政治、经济、文化和生活形态。平台重塑了传播格局，平台型媒体开放的内容生产机制与连接的扩散机理呈现出诸多新变化与新特点。电子媒介的崛起使得专业媒介机构的部分权力让位于平台与个体；平台崛起解构了传统的内容把关格局，带来了“瓦釜效应”、版权问题、价值危机、时间暴政等发展危机。基于网络编辑在平台型媒体发展中的重要角色，厘清其时代使命是一种思想变革，以重构编辑素养、改革流量分配机制、共建平台型媒体治理共同体为着力点，既寻求社会协同治理的共识，也探讨平台型媒体治理的可行路径。

【关键词】 平台型媒体；媒体治理；网络编辑；时代使命

随着新媒介技术的发展与智能设备的普及，个体在社会生活中通过便捷的方式获取各种信息、服务与互动已成为常态，传统媒介机构在信源、渠道与受众市场上的优势逐渐被平台所瓦解，传统“内容为王”的内容型媒体逐渐向以“内容聚合，关系连接”为特征的平台型媒体转变。聚集、连接、服务的特性让人人获得了平等参与的机会，激活了微观个体的创造力、表达力与影响力。平台型媒体被赋予更多职责与能力，成为社会基础设施与大众参与网络生活的重要中介，为当下智能化的生活开辟了可观的想象空间。在一定程度上，平台型媒体消解了专业媒介机构内容生产的专业性与权威性，解构了传统的内容把关格局，单一垄断的内容生产权力被打破，生产与分发机制的重构使得传播权力在专业媒介机构、平台与大众之间呈现出一种多元交织、拉扯与博弈的动态景观。作为正在发展中的事物，我们对平台型媒体的使用规则与发展逻辑缺乏清晰明确的认知，以当前对传媒业有限的认知去限定、规制平台型媒体作为社会建构的重要力量是存在问题的。平台为个体提供了参与和表达的机会，但机会的无序与滥用使得平台成为风险的放大器，个人风险向社会风险扩散，由此带来了虚假新闻、版权问题、“瓦釜效应”等诸多负面影响。可以说，置身媒介化社会中，我们享受新媒介技术带来的便利超过了人类历史上的任何时代，同时我们面对的信

---

① 复旦大学新闻学院博士研究生。

息内容生态治理的挑战也前所未有的艰巨。本文聚焦网络编辑作为平台型媒体发展过程中的重要角色,厘清其时代使命,借以探究平台型媒体治理的可能路径,实现媒介生态健康有序发展。

一、从垄断到集中:平台重塑传播权力格局

有关平台的概念最早见于20世纪90年代尼格洛庞帝(Nicholas Negroponte)的著作《数字化生存》中,该书勾勒的数字世界前景与数字生存模式,洞见了数字化与平台之间的联系,他认为数字化是为现实社会中的人提供信息传播和交流的平台,而这个平台是一种近乎真实的虚拟空间[1]。在认知层面,平台被视为一种中介性工具,并未被视作一种建构社会的独立发展力量。何为平台型媒体?其概念源自美国社交媒体网站创始人乔纳森·格里克(Jonathan Glick),他在《平台型媒体的崛起》("Rise of the Platishers")一文中首次提出了"Platisher"一词,从词源构成来看,该词由"平台商"(Platform)与"出版商"(Publisher)合成而来,指的是既拥有媒体的人工专业编辑权威性,又拥有面向用户平台所特有开放性的数字内容实体。平台型媒体就是一种具备媒体属性且能够提供信息和服务的交互空间[2]。"就是不单靠自己的力量做内容和传播,而是打造一个良性的平台,平台上有各种规则、服务和平衡的力量,并且向所有的内容提供者、服务提供者开放,无论是大机构还是个人。"这会成为传媒业发展的重要模式[3]。梳理相关概念,我们可以总结出平台型媒体的特征:第一,聚合性,平台型媒体并非是媒介机构在媒介融合时代扩张传播影响力的产品,而是一个信息集散、交流与服务置换售卖的虚拟空间;第二,平等性,对所有主体开放意味着赋予平等的接入权;第三,不确定性,它既是一种网络空间,又是一种内容生产平台,规则体系下多种权力的斗争充满不确定性。

传播学者曼纽尔·卡斯特尔(Manuel Castells)认为,传播即权力,唯有通过传播,权力方得以行使,即权力关系的核心在于传播[4]。平台型媒体的崛起展现出的新特征,是否意味着一种新的权力形态?从客观意义上讲,所有媒介都难免会受到权力因素的影响,但因所处的社会语境与历史发展阶段不同,各种权力关系之间呈现出一种动态的不确定性,在厘定平台型媒体的基本概念之后,剖析平台发展的权力因素显得更为重要。我们主要从以下几个主体来论述平台之中的权力关系。

1. 专业媒介机构:垄断性权力让渡

传统媒体时代,各类专业媒介机构以省、市、县的层级化方式圈定其传播影响力的范围大小。彼时,其新闻生产场域、机构所处的社会位置与拥有的传播权力相对稳定,传播格局呈现中心化、单向、高度区域性的特征。从新闻生产的流程来看,专业媒介机构拥有稳定的信源,掌握着报纸、电视、广播等具有社会声望的传播媒介渠道,大众所获得的新闻资讯与广告服务等内容具备专业性与权威性,专业媒介机构的事业属性在主流的传媒生态中拥有垄断性权力,这种权力以政治资本的公信力为背书。然而,"点对面"的传播方式使受众的内容需求与表达欲望被忽视,新闻生产与分发过程缺少反馈环节,传播效果无法准确衡量,

普通大众被视作“二次售卖”的商品，其在传播格局的主体性地位未得到充分重视。进入千禧年以后，信息高速公路“通车”，给互联网带来了一场全新的传播革命，这场革命的本质就是打破信息垄断，实现传播资源的社会化与传播权力的全民化[5]，坚实且牢固的单向传播关系被互联网技术解构，专业媒介机构所具有的垄断性权力开始让渡给普通大众，互联网开放、连接的理念提升了普通大众的自主性，赋予个体在内容生产权力层面更多的自主性与创造性，公民新闻、建设性新闻的出现标志着大众在一定程度上接受了专业媒介机构让渡的权力，他们开始注重平等互动、积极参与，协同完成公众舆论格局的塑造与新闻传播流程的协作生产。

2. 平台型媒体：权力“再集中化”

在平台媒体的生态下，以经济资本为底色的大型企业或集团依靠新媒介技术，成为独立于专业媒介机构与普通大众之间的第三方，进行资本积累的商业性活动。也就是说，平台型媒体的崛起背后是资本逐利的商业性与提供服务资讯的公共性相互博弈的结果。具体而言，这种相互博弈的过程是从两方面展现的，一方面，平台依靠经济资本的存有量建立起“科技”“互联网”公司的身份，通过早期原始经济资本获取大量的用户数据资源，成为信息的交流地、舆论的集散地以及观点的自由市场，对用户资源的独占性与海量数据的垄断性迫使专业媒介机构放弃部分传播渠道，将分发权力向平台转移。例如，各种官媒开通百家号、微信公众号、抖音号等，并且在这一过程中，平台型媒体所拥有的规则与运营体系促使专业媒介机构的内容生产权力不得不做出一定调整，传播权力逐渐向私营的平台型媒体集中。另一方面，大众在使用平台媒体的过程中，为了提高自身曝光率，不得不按照各种榜单进行内容生产。内容形态除了必须在法律法规的范围内，还必须符合平台型媒体的规则体系，以获得准入与参与的资格，例如，呈现形式、表达风格、价值尺度等标准各不相同。这一过程体现了平台型媒体对大众传播权力的规训与收缩。平台型媒体在专业媒介机构与大众两者之间“再次集中了”权力，其经济逐利的本质对受众市场的依附感与“科技”“技术向善”的表面化外衣，两者之间互相交织与拉扯，使得平台型媒体的权力“再集中化”之后多了一种复杂性，权力也变得含混甚至难以捕捉。

3. 普通大众：权力向权利转化

技术赋予普通个体更强大的内容生产和传播能力，这一切得益于技术发展与电子媒介的普及。媒介影响力对社会的全方位渗透造就了全新的媒介化社会，每一个人都有可能拥有各种电子媒介，具备随时发布和接收电子信息的条件，成为媒介化社会电子网络节点和信息传播主体[6]，亦即“电子媒介人”。“平台型媒体区别于媒体平台的重点在于其自身的开放性与聚合性……平台型媒体则侧重于在一个媒体平台内部聚合各种应用、功能、服务、信息[7]。”平台型媒体对多元主体尤其是电子媒介人的开放与聚合，实现了“在未来，不仅所有的行业都是传媒业，而且每一个人都将作为‘电子媒介人’而成为自己的出版人”的畅想[8]。既有的传播格局被打破，平台型媒体高效、便捷、内容丰富、形式多样的传播特点使其成为电子媒介人最活跃的存在空间，但这种开放与聚合实际上是有限的，它需要通过权力向权利转化才能实现。

传播批判学派认为,媒介即权力,平台型媒体被视为一种新的媒介权力。掌握这种权力需要以个体拥有基础的媒介设施为前提,但平台型媒体的开放性和聚合性事实上掩盖了不同群体、不同地域的人在基础媒介设施上的差异,即忽视了电子媒介人在经济资本上的不均衡。经济资本的准入和参与门槛实际上对部分个体产生了排他性,如老年群体与贫困群体。平台成为参与网络生活、实现各种权利的中介,然而,在不受平台规制的物理世界中,个体自由传播权力的实现实际上是以牺牲在平台上的知情、参与、表达、监督等权利为代价的。大众通过使用平台型媒体获得点赞、评论、关注、流量等资本形式,其背后体现的是隐私权的售卖,以隐私权换取传播权,"不授权就无法使用"成为平台发展的基本策略。平台的商业性与娱乐性交织,生产符合平台规则体系与价值取向的内容就能获得更多的算法推荐,这一过程使得用户成为平台的数字劳工,基本的传播权力被平台裹挟、挟制。为了与平台争夺传播权力,大众必须将自主性和参与性的权利向创造性的权利转化。

二、从依附到抵抗:平台型媒体的发展危机

平台型媒体的崛起重塑了传播格局,其构建的关键词被"开放、激活、整合和服务"囊括[9]。在新的媒介生态下,平台成为大众获取信息与交流的重要渠道、新的舆论场以及社会底层建构性的力量。人类在传播领域取得的巨大成就,使得不少人陶醉在"技术解决一切"的当下乃至于未来的传播图景中,对平台的发展报以乐观积极的态度。平台吸引和掌握着海量的信息,通过市场配置资源的成本近乎为零,为最大限度地取得用户、扩展组织和市场的边界提供了可能。资源配置模式的效能之争将成为平台发展的下一阶段[10]。然而,盛名之下其实难副,资源配置效能的争夺可能形成新的"平台霸权",并且这种霸权已经初现端倪。2021 年 2 月 18 日,这是一个值得对平台发展产生危机预警的日子。在这一天,作为全球大型社交平台的"脸谱"公司对一个主权国家澳大利亚展示了"平台霸权",包括澳大利亚政府网在内的一系列澳大利亚新闻信息源直接被封杀,澳洲民众无法在脸谱网上打开任何页面。在互联网高速发展的今天,这无异于让人"失明且失聪",脸谱网这一举动的起因是基于澳大利亚政府出台《新闻议价法》,要求脸谱网等平台对转发的新闻付费,脸谱网对此表示反对,并且做出了一个"平台霸凌国家"的举动。当某平台的资源配置效能在一定领域或者国家取得绝对性的优势时,可以说,平台型媒体发展的危机就来了。

1. "瓦釜效应":商业性与公共性的困境

"瓦釜"一词典出《楚辞 · 卜居》:"世溷浊而不清,蝉翼为重,千钧为轻;黄钟毁弃,瓦釜雷鸣;谗人高张,贤士无名。"因此,"瓦釜"用来比喻有价值之物被弃之不用,而无价值之物却登堂入室。有学者借喻此类现象,提出媒介生态假说"瓦釜效应",其要义为:"传媒与其新闻社群之间,在一定的媒介生态环境下,能够形成鼓励低文化价值的新闻市场机制,并通过彼此循环影响,逐渐产生'劣币驱逐良币'式的文化后果,导致高价值新闻只能得到传媒资源与注意力资源的低配置,而低价值新闻却可以得到传媒资源与注意力资源的高配置[11]。"这一逆向选择机制的出现与平台型媒体的发展密切相关。个性化、精准推荐、"千人

千面”等关键词，以其暗合人性弱点、披着技术向善的外衣，掩盖了平台所具备的新威权。当平台成为整个社会的主流传播渠道、社会个体之间关系连接和情感互动的重要中介时，它不仅造成了对专业媒介机构用户的抢夺，还削弱了大众自主选择和鉴别能力。平台运行的基本经济逻辑被忽视或隐藏，其发展过程面临着商业性与公共性结构失衡的困境。

从平台发展的底层逻辑来看，科技与互联网名义上冠以“公司”的前缀称号，但平台中各种应用、服务、信息的聚合实则以传媒行业的公共性掩盖了公司逐利的商业性。在传统媒体时代，专业媒介机构是重要的信息源，其政治资本的存有量使其具备强大的公信力。尽管不同媒介机构对内容把关的标准不一，呈现的风格也各有差异，或是带着编辑、记者的偏见，但总体上，新闻是高价值的，信息内容的可信度与价值性是可以保证的。平台型媒体凭借用户优势，吸引诸多媒介机构放弃原有的粉丝积累，转而在平台上谋求融合发展。这样一来，无疑是在为平台媒体的公共性与公信力背书，专业媒介机构的平台化发展加速了平台成为社会主要信息源的进程，大众获取信息的渠道就相对减少了，由此对平台产生一种信源依附感。平台型媒体隐藏起公司的本质，被大众赋予了重要的公共性职能与责任。也就是说，“尽管不同主体在未来的传媒业中扮演的角色不同，其专业性表现和实现路径也会有所不同，但它们都建立在‘公共性’的基础上，也就是遵从公共价值、为公共目标服务[12]”。

算法、大数据、人工智能等成为平台型媒体发展的基础技术架构，实现了社会关系的连接，也盘活了社会中各类资源，实现最优配置。平台利用算法实现对个体行为轨迹、用户偏好、基本信息等大数据的采集，精准刻画用户画像以推送具有高度相关性、符合用户需求偏好的信息内容。个体的信息需求得到了满足，同时也打破了少数把关人对内容“有价值、有意义”的把关格局，算法精准推荐实现了“人找内容”向“内容找人”的转变，缩短了内容与用户之间的时空距离感，同时也提升了大众对平台的忠诚度，但结果是人依靠平台推送信息形成的对外部世界的认知不一定是客观的，而是他本人所想要了解的世界。与此同时，从大众的心理需求来看，猎奇、娱乐、偏激等低价值新闻内容更容易受到关注。基于对流量、资本的追逐，平台也更愿意将这些内容置于显著位置以吸引用户注意力。此外，平台的开放性将商业也纳入平台发展的生态中，通过平台的桥接，用户与广告商之间售卖的时空距离也在缩短，平台的聚合性将用户与商户纳入统一的规则体系中，联结成为一个和谐的互动社群。用户海量的数据成为平台发展的核心优势，但这也侧面产生了一些困境：平台对用户数据采集的范围大小如何？是否在某些程度上造成对大众隐私权的侵犯？从平台发展的时序来看，商业性在前，公共性在后，但从整个媒介生态来看，平台仅仅是满足了用户的信息需求，而对公共性的守望才是平台可持续发展的动力。由此，商业性与公共性之间如何平衡，是平台发展亟待解决的危机。

2. 平台之重：版权问题的隐忧

平台型媒体的商业性本质使得大众必须转变为用户才能取得某一平台的准入资格，“不授权就无法使用”的条款似乎将用户的一切权利都出让给了平台，但平台能肩负起相应的责任吗？答案是有待商榷的。平台的兴起是全方位的生态性变革，平台取代专业媒介机构成为大众的主要信息源,与此相适应的是,平台也成为以用户数据为主导的产品的交易市场,包括数字广告、O2O服务、电竞游戏等多种商业发展模式,平台与数字化相互依存与构建。实际上,平台取代专业媒介机构成为新时代多元权利主体斗争的场所,同时也成为多种权利争端尤其是版权问题的主战场。版权问题频发,对平台型媒体的发展带来了严峻挑战,积极应对版权问题成为平台型媒体的重大责任。

这种重责主要来自两个方面:一方面是谋求政治资本的存量,内容传播前实现权利的监管与保障。在平台发展的早期,平台并不参与内容的生产与传播,大众将平台型媒体视作一种信息分发渠道,因此也难以认知平台对自身权利的保护责任。然而,当平台发展到一定规模,拥有海量用户数据的平台成为新的信息节点或节点集群,其结果是平台成为大众的主要信息源。专业媒介机构不得不向平台低头,生产符合平台规则与运营策略的内容以获得平台的流量支持。这实际上将优质信息内容的传播权利让渡给了平台,平台也借此收获更多用户,平台与专业媒介机构(内容生产者)之间实现了双赢,但当平台参与到内容生产与传播的流程中,任何一个媒介机构与优质内容生产者都无法与平台的影响力与传播力相抗衡。如果仍将平台作为一种传播渠道,那么平台彼时最重要的职责是应当保持"技术中立",将内容生产者所生产的信息内容不加剪辑、毫无偏见地完整呈现给用户。平台型媒体的无为就是对内容生产者传播权利最大的保护,那么平台只需要获得政府的认可与承认即可。政府对于平台的规制就转移到了信源的管控、提升信息质量、打击虚假消息的行动上。也就是说,政府应当对平台内容的生产者进行管理与规制。事实上这是不可能的,平台型媒体的开放性将不同生产主体纳入整个平台传播体系中,政府与其监管浩如烟海的内容生产者,不如直接管理平台,对平台提出各种权利要求。平台为谋求政治资本的积累,理所当然地应当对平台内容生产者的权利予以保障。

另一方面是为获得经济资本。放任内容无序传播后,由此带来侵权与违权的厘定问题。近年来,传统媒体纷纷进行平台化转型策略,其中重要的方式就是紧跟时代步伐,用最新潮的短视频媒介作为主要的内容呈现方式。三维视觉影像呈现降低了二维平面文字图像的理解门槛,使得平台能够吸引更多的大众参与,社会中被闲置、不可见、非主流的内容资源得到抢救性发掘。可以说,数字化的特性繁荣了平台的基本生态圈,也使得短视频侵权成为侵权高发地。2021年4月9日,多家影视公司和协会发布联合声明,呼吁抵制短视频侵权行为,主要包括二次创作的侵权问题以及版权保护的维权问题等。该声明要求短视频平台和公众账号生产运营者承担相应的主体责任,形成"先授权后使用"的行业业态,但目前的授权过程烦琐,海量内容的生产要取得相应授权,然而,就权利主体而言,其精力是有限的。应对这一困境,有人提出版权平台化的解决方案,就是将版权归于平台所有。这样可以绕开短视频侵权问题发生时对其作品属性的认定,降低内容生产者侵权与被侵权的风险,由此拓宽产品的素材来源与主题类型,但版权平台化给予了平台"超载"的权利范围。此外,平台的开放性降低了大众参与使用的门槛,剪辑技术与算法推荐为实施侵权行为提供了帮助,热搜榜单以及主题聚合参与则引诱用户发生侵权行为。版权平台化的解决方案如何作用于平台侵权治理？版权问题的产生，关系到平台型媒体发展的长期性与稳定性，也是平台型媒体治理的关键着力点。

3. 价值危机：可读与可视的分离

平台型媒体要获得长远的发展，其终极哲学命题是要回答如何看待工具理性与价值理性之间的矛盾[13]。信奉“技术至上”“技术实现美好生活”的理想愿景，其可能的结果是忽视人的理性、人对价值永恒的追求。在马克思主义政治经济学的视角下，一切问题都可以视作经济问题，平台型媒体发展的价值危机尤其如此。平台型媒体的价值危机主要来自可读与可视之间的分离，具体来说，由以下几个方面构成。在传统媒体时代，信源稀缺，媒介资源匮乏，有限的广播、电视、报纸、杂志等媒介的获得必须依靠一定的经济资本。与之相对应的，信源的权威性与专业性保证了其内容的可信度。阅读与理解之间密不可分的联系要求媒介使用者必须具备相应的媒介素养，“千人一面”的分发模式保证了不会因所处地域环境不同而出现内容价值与意义的偏差。平台型媒体发展的重要支撑是技术的进步与媒介种类的丰富，移动互联网开启了人类的全新视界，从宏观尺度上改变了人类阅读的整体景观，也一如既往地改变了人类个体的阅读处境[14]。尤其是短视频等主流融合媒介打破了阅读与理解之间的固有关系。在这个时代，媒介融合成为信息传播的主流，这个时代在某种意义上也是一个“读图时代”[15]，内容更加丰富，集文字、声音、影像于一体的呈现形式，给大众带来了一场场视觉盛宴。生产、分发、消费过程更加立体化，大众能更直观地感知内容价值、形塑群体认同、传播文化知识。影像成为主流表达方式，文字则成为辅助，语言文字的价值出现贬损，“优美的文字比不上有趣的影像”成为一种常态。这些内容的传播是在平台型媒体中进行，这也意味着内容的可视与可读之间，还必须结合不同社群的语境和节点集群的偏好加以判定，才能得到其内容价值。例如，同样的内容在亚文化群体中传播，则可能产生歧视等问题。内容呈现形式的改变是可视与可读之间的第一次分离带来的价值危机。

无论是专业媒介机构还是大众，想要获得平台准入的资格就必须了解平台的规则体系以获得流量与曝光度支持。平台型媒体的权力结构与“游戏规则”有着强烈的经济属性。平台为了实现生态的有序发展，对有害于生态发展的内容通过算法给予了关键词、敏感词屏蔽，通过人工审核不播发对平台发展有害的内容，或者对非主流价值取向的内容给予较少的流量分配。但平台经济逐利的本质不可忽视。当用户依附平台，将其视作积累经济资本的工具与实现社会资本积累的工具与中介时，基于人的主观能动性，就产生了一种对平台既有规则的抵抗行为。具体表现在：通过具身化的影像表达传递与语言文字相反的内容，用物化的符号传递敏感信息，用以抵抗算法的甄别；用小众的文字缩写、略写、简写、谐音、拼音、首字母等形式，抵抗人工审核编辑精力与认知的有限性。例如，dddd（懂得都懂）这样形式的简写放在主流的语言环境下确实难以理解，这种对语言文字价值贬损、压缩的行为带来了可读与可视的第二次分离的价值危机。

此外，平台型媒体背后的实体是大型的互联网企业，互联网的核心精神是开放与连接，这也包括局域与全域、本国与全球之间的开放与连接。要打造一个良性的平台，就不得不吸纳各种力量参与建设,尤其在经济全球化的背景下,安东尼奥·葛兰西(Antonio Gramsci)口中的"霸权"正是通过大型跨国企业,尤其是互联网企业而实现的。在当前,专业媒介机构与大众在平台上的生产内容的信源不仅仅局限于本地,通过网络的连接,各种素材与创作的灵感可能来自其他从未涉及过的地缘与国族。其内容的分发与消费也不再局限于本国的限定之内,这就要求内容的叙事取向必须符合当地的文化习俗与信息需求偏好。多元文化之间的交融与协商带来的结果可能是形成一种新的价值取向。例如,"黑人抬棺""雪花飘飘"等短视频内容,以其荒诞、搞笑娱乐的风格,也能塑造出对外传播的重要媒介逻辑[16],但也可能造成文化之间的误解,产生"文化折扣"的后果。多元化的文化价值取向冲击平台内容的传播行为,带来了可视与可读的第三次分离。

4. 时间暴政:平台的时间陷阱

时间的暴政借喻存在于快递小哥、互联网青年工程师、高校青年教师等群体中,表现为"倒逼的时间""侵入的时间""断裂的时间"等三种时间形态,并以此引申出"被加速的人""被掏空的人""被丢弃的人"三种被时间异化的青年类型。时间支配了所有人,成了生活的指挥棒和最高的价值标准[17]。遵循这样一种思路,平台型媒体的发展本身也是时间的暴政支配的结果。对于专业媒介机构来讲,部分权利的让渡使其失去了分发渠道,但平台及时、高效、瞬时精准触达受众的特点,对媒介机构的时间观念提出了更高要求。原来线性、单向的新闻生产流程体现出的可控性,被多节点、多向、瞬时的不可控的分发机制所裹挟。这就要求专业媒介机构不间断且高效地提供优质内容,只有这样才能获得平台的流量支持,才能在激烈的传媒业竞争中取得优质地位。这一过程无疑对媒介机构从业人员的时间观起了加速作用。一年 365 天,一天 24 小时,对于平台本身来讲,人工智能的加持使信息内容随时随地生产与上传成为现实。信息的大量产生对算法算力提出了客观的运营标准,客服、工程师等不得不随时做好准备应对平台上所发生的危机事件,因为这种事件的处理难度是指数级的,并非控制信源就能解决。除此之外,服务器、存储器的降温与能耗也倒逼着在平台产业链上的工人为之付出超乎寻常的时间成本。对于平台上的用户来讲,存在着两种人群:一种是"只看不发",另一种是"又看又发"。对于第一种用户来讲,碎片化的内容消磨了其碎片化的时间,高速的信息流只能让其停留在内容意义的价值表层,而无法触抵其核心价值。对价值与意义的阐释本身是一个需要阅读理解的过程。对于"又看又发"的用户来讲,其内容的生产传播行为不仅要花时间去拍摄、剪辑、排版、上传。为了获得平台的认可以谋求更高的流量,用户不得不花时间精力进行场景选择、动作纠偏、仪态调整等操作,其结果可能是"拍摄一整天,观看十秒钟",在平台各种榜单、创作者计划、主题生产的共同作用下,平台内容的同质化现象严重。从绝对数量上来讲,优质的信息内容在增长,而从相对数量来看,同质化内容占整个信息内容的比例却在上升。破解这一难题,关键的要素是用户需要提升单位时间的附加值。具体来说,就是要注重内容的创意,实现创新性发展、创造性转化,用户本身要从数字劳工的身份转变为"数字灵工"[18]。这一过程无疑又需要付出时间成本。平台型媒体的发展使得参与到其中的人员掉入时间的陷阱,想要避免在平台上花费时间却发现处处都是平台支配的时间。

三、时代使命：网络编辑参与平台型媒体治理的可能路径

作为一个正在发展中的事物，平台型媒体的发展面临内部矛盾与外部冲击乃是常态，实现平台型媒体的治理并非一个一劳永逸的结果，而是一个现代性流动的过程。齐格蒙特·鲍曼(Zygmunt Bauman)认为，“现代性”本身就是“一个从起点就开始的液化的过程”……“瓦解传统”成为流动现代性的永恒特征。这一时代的模式和框架，不再是“已知的、假定的”，更不用说是“不证自明的”……“液化”从“制度”转向了“社会”，从宏观层次转移到了微观层次，但个体化、私人化的现代性让个体成为编造模式的责任者。虽然像所有的流体一样，这些模式不能长期保持它们的固定形态，但塑造它们的形状比保持它们的形状更为容易[19]。平台型媒体瓦解了专业媒介机构传统、固定、旧有的采编模式与行业规范准则，乃至于职业理想。参与门槛的降低培育了大批自媒体与公民记者，更是带来了“集体记忆集体书写”的社会景观，并塑造出一种“液态的记忆”[20]。这也意味着我们以旧有的模式与观念来实现平台型媒体的治理是行不通的。过去，我们将政府作为内容生态治理的政策制定者与管理者，以一种管控的模式实现治理。然而，平台型媒体的发展、个体微力量的激活、“千人千面”的数据特征以及层出不穷的生态问题使得管控模式难以奏效。这一过程经常出现滞后性，政策的落实难以跟上新问题发生的速度，管理者本身也缺乏一种系统性、全方位的思维能力，这造成整个平台型媒体的治理结构失衡。一方面，现有的功能在实践上面临法律政策不清晰、不明朗的龃龉，另一方面，新的功能开发因社会变动加速而出现滞后，“技术的功能弹性造成了一种嵌入性的功能‘收缩’现象，即具有多元功能优势的新技术由于受到所处治理结构的约束，发生特定功能的萎缩[21]”。只有充分认识整个社会变动不居的有机体的特征，才能因事施策，实现平台型媒体治理以及有序健康发展。

如何实现平台型媒体的治理？从平台型媒体的定义来看，它既拥有媒体机构的专业权威性，又是一个开放的内容实体。也就是说，内容实体体现的是资源的聚合性与丰富性，而专业的权威性则映射平台的公共性来源与公信力构成。我们可将如何实现专业的权威性作为平台治理的关键点，这也明确了网络编辑在平台治理中的关键角色。由此，我们可以进一步将“如何治理”的问题聚焦为“编辑何为”的讨论，以网络编辑的思维转变、有所作为、协同治理来应对“流动的现代性”下整个社会“液态”的特点，促进专业媒介机构、平台、大众三者之间实现媒介生态的良性循环。

1. 思维转变，编辑素养重构

技术进步是平台型媒体发展的基础，媒体的智能化是当前媒体的主要特征，技术是发展的力量，同时也是解构的力量。随着作为智能媒体时代传播主体的“电子媒介人”的崛起，作者(内容生产者)与读者(内容消费者)之间的边界逐渐模糊，编辑的职业身份和社会地位都面临危机[22]。最明显的危机表现在技术实现“人人都有麦克风”的技术民主，平台型媒体成为参与网络生活的重要场域，也成为大众获得各种资本、建立关系连接的重要中介。在这一过程中，大众转变为平台的用户并朝着“产消者”的身份发展，“人人都是自己的编

辑”成为一种客观现实,这冲击着网络编辑的职业认同感。海量的用户生产内容即刻上传、用户的行为数据瞬时生成,大数据的海量性与网络编辑精力的有限性形成冲突,人工审核的效能让位于算法构建的过筛机制。此外,算法取代了网络编辑的部分职能,由此造成编辑的职业危机感。以上两方面因素导致编辑的职业壁垒崩解,一定程度上造成平台中虚假新闻泛滥等负面影响。

思想是行动的先导,行动体现治理的水平,网络编辑素养的重构就显得尤为重要。对于网络编辑来讲,在互联网发展的早期,其网络参与、进入的门槛较高,各种信息资源与内容也处于一种稀缺状态。编辑不仅作为内容的把关者,还是内容的持有者,对内容好坏的评价标准与呈现策略完全在编辑室的物理空间中实现,而平台型媒体给大众提供了一个全民目击、全民生产的内容集散地,事关内容的好坏与价值的取舍完全取决于用户爱好什么、想看什么,编辑由此必须向内容的管理者转变。现今大部分平台所采用的都是“算法+人工”的双重把关模式。从更深层的意义来讲,符合大众标准的规模性加工与审核由算法来完成,算法成为“守门人”,具备高价值、深意义的内容由作为“把关人”的网络编辑来实现审核,网络编辑的角色与担当实现了个性化引导者的转变。此外,平台中的网络生态充斥着各种驳杂的信息,用户行为数据(包括地理位置、浏览信息等)与用户自有数据(UGC内容生产)两者产生的大数据中蕴含着一种再发现的价值,这种数据的价值有利于实现主题内容的聚合,这一过程要求编辑人员成为信息资源的整合者,更要成为内容生产的创意者与引导者。具体来说,在当下智能媒体时代,网络编辑必须具备“满足智能媒体需要的创新思维”“信息冗余时代的内容整合与价值发现能力”“呼应认知转向的视觉传播能力和审美素养”。编辑素养重构促使网络编辑从海量的碎片化内容中抽身,寻找具有价值与意义的优质内容,知识的整合以及从知识中提炼智慧、发现价值和意义的能力成为编辑人员的必备素养[23]。

2. 有所作为,改革流量分配机制

伴随平台型媒体的发展,传媒行业也逐渐要求其相关从业人员建立一种“用户为中心”的思维,内容的生产与服务的提供必须始终紧贴平台用户的个性化需求,但实现这一目标的前提就是平台必须吸纳足够的大众转变为自身忠实的用户,如何获取用户就成为平台发展的关键要义。在这一运行思路下逐渐诞生了一种流量思维,其本质“是一种以用户为中心的价值导向思维,只有具备了流量思维,才能关注用户的体验和重视提供用户服务,以吸引更多的流量导入[24]”。有流量就有用户,有用户就有钱赚。平台型媒体的商业性导致其算法与推荐实质上是有经济导向性的。一方面,大量的用户数据被异化为数字商品,将其打包出售给广告商,精准化、个性化推荐实则缩短了广告的营销时间,精准触达扩大了宣传效果;另一方面,平台设计的算法所形成的各种热搜榜单,这种榜单是流量规模化、数量化的结果,榜单也是实现用户社交参与互动的重要接口。平台的算法构建了“一个只关注数量和规模,只顺从用户偏好与特点,而不关注质量和内涵,也不兼顾导向与影响,以高点赞数、高分享数、高推送率等为指标,‘分享’大于‘事实’的畸形媒介环境[25]”。

实际上,在平台型媒体中,经济资本的直接表现形式并非贵重金属等货币。平台界面尺寸的有限性、内容呈现数量的有限性、呈现时间的有限性，无一不昭示着流量的重要性，哪些内容能被公众看见、内容扩散的范围大小并不完全取决于信息内容价值的优劣以及内容的好坏与否，而是取决于内容能否适应平台所制定的规则，在合法的范围内进行"合规"的内容生产。这种"合规"具有一定的模糊性，擦边球新闻、黄赌毒的暗示性信息的传播就是模糊性的体现。基于以上思考，实际上，平台中的交易货币以及奖励机制直接取决于"曝光度"，或者说，流量成为平台的货币，具有经济流通职能。符合平台规则、暗合榜单话题的内容能够得到优先推荐，但基于用户求异、猎奇、娱乐等心理，这些热搜内容虽有极高的关注度，却缺乏深度的价值，而具备高价值的内容因其对用户的理解能力具有一定要求，往往被用户忽视，一划而过。网络编辑作为流量货币的"出纳人"，必须切实地参与流量分配机制改革。第一，网络编辑要主动挖掘具有创意性、创造性、文化性、传统性的内容给予流量推荐，压缩、拒斥与主流价值观相违背的流量支持；第二，网络编辑要依据社会需求设置合理的高质量内容的分配比例，建言平台适当放弃对经济资本的追逐，给高质量的内容腾出发展空间；第三，将流量作为一种货币激励机制，对于符合主流价值、参与高质量内容生产、积极参与舆论的引导与表达等相关内容与行为给予流量份额，使其背后的用户在需要流量时能随时支出，满足个体表达的愿望。

3. 协同治理，共建平台型媒体治理共同体

2020年3月1日，新颁布的《网络信息内容生态治理规定》正式实施。该规定为当下网络生态治理提供了根本遵循与发展指南，它明确了多元主体的网络生态治理对象，不以权责分工来确定主体的边界，而是从信息的生产、分发与消费的全部流程，将网络生态主体分为网络信息内容生产者、网络信息内容服务平台、网络信息内容服务使用者，并以网络行业组织来统筹三者之间的关系，起到重要的中介和桥梁作用[26]。从规定来看，实现多元主体的协同共治就成为平台型媒体发展的必然要求。治理本身强调的是一种互动、参与和回应，协同治理更是要求重构政府、社会、公民和企业之间的关系，共建一个政产学研用的平台型媒体治理共同体。

总的来说，政府需要完善角色的扮演，不但是传播机构的管理者，还要成为社会生态的共建者[27]。平台型媒体的开放性特征决定了当前网络生态多元主体并存的复杂性，政府想要事无巨细地管控平台是不切实际的。政府本身也是平台媒体的使用者与直接受益者，在公共卫生突发事件期间，各级政府通过平台型媒体发布新闻资讯、引导网络舆论、澄清谣言等，都体现了政府无法以局外人的身份对平台进行管理。对于政府来讲，更好的角色是成为规制平台发展的政策制定者与引导者，放低姿态，积极向以网络编辑为主体的平台从业人员吸取有益经验，以制定更科学合理的政策。对于平台型媒体来讲，要充分发挥网络编辑的权威性与专业性，网络编辑的专业性与权威性保证了头部优质内容的"曝光度"，其职业性引领着技术与人文之间的协同。当平台过于依赖算法，将技术奉为圭臬，大肆裁撤网络编辑人员时，平台就必须树立一种以人为本的核心发展理念。在切实保障网络编辑经济资本获取的同时，也要赋予编辑文化资本与社会资本。对于技术的使用不能以人文精神匮乏为代价，要将网络编辑视作技术与人文精神协同的结合点，以此抵抗技术滥用可能造成的价值偏向危机。而对于普通大众而言,网络编辑的职业性以及由此体现的编辑专业素养显得尤为重要。正如某研究者指出:“在传统研究视野里,编辑专业素养和公众媒介素养属于完全不同的研究领域,现在则是到了将这两个领域的研究成果加以融合的时候了[28]。”平台型媒体的治理离不开作为内容生产者与使用者的大众的参与,也离不开网络编辑人员的加入,编辑人员应该主动向具有技术领先优势的内容生产者学习传播技巧,运用自身的编辑素养总结传播规律以改善传播效果。同时,也要在全社会积极引领大众媒介素养的培育,以自身的职业规范与责任意识为引领,传授正确的价值观给普通大众,以此促进大众的内容生产与使用在合法合规的范围内实现价值最大化与传播效果最优化,编辑与大众积极的互动是构建治理共同体的关键之一。总而言之,一个和谐有序发展的平台型媒体,其理想图景是怎么样,我们就该朝着这样的目标而奋进。

参考文献

[1] 尼葛洛庞帝. 数字化生存[M]. 胡泳,译. 海口:海南出版社,1997.

[2] 王枢,徐建勋. 论传统媒体的平台化转型[J]. 新闻爱好者,2019(7):51-55.

[3] 喻国明. “平台型媒体”或是未来媒体发展的重要模式[J]. 青年记者,2015(12):4.

[4] 卡斯特尔,曹书乐,吴璟薇,等. 网络社会与传播力[J]. 全球传媒学刊,2019,6(2):74-92.

[5] 魏然,周树华,罗文辉. 媒介效果与社会变迁[M]. 北京:中国人民大学出版社,2015.

[6] 夏德元. 电子媒介人的崛起:社会的媒介化及人与媒介关系的嬗变[M]. 上海:复旦大学出版社,2011:63.

[7] 许同文. 媒体平台与平台型媒体:移动互联网时代媒体转型的进路[J]. 新闻界,2015(13):47-52.

[8] 夏德元. 图像转向:读图时代的内容产业困局与出路[J]. 新闻记者,2015(6):67-71.

[9] 喻国明. “平台型媒体”或是未来媒体发展的重要模式[J]. 青年记者,2015(12):4.

[10] 喻国明,焦建,张鑫. “平台型媒体”的缘起、理论与操作关键[J]. 中国人民大学学报,2015,29(6):120-127.

[11] 杜骏飞. “瓦釜效应”:一个关于媒介生态的假说[J]. 现代传播(中国传媒大学学报),2018,40(10):31-36.

[12] 彭兰. 无边界时代的专业性重塑[J]. 现代传播(中国传媒大学学报),2018,40(5):1-8.

[13] 林燕飞. “平台型媒体”发展中的价值观危机[J]. 青年记者,2018(26):8-9.

[14] 夏德元. 智能媒体时代的阅读革命与编辑出版创新:兼论人与智能机器的共同未来[J]. 现代出版,2020(4):72-79.

[15] 夏德元. 图像转向:读图时代的内容产业困局与出路[J]. 新闻记者,2015(6):67-71.

[16] 夏德元,王宇博. 模因论视域下短视频对外传播的媒介逻辑[J]. 新闻爱好者,2021(1):36-39.

[17] 廉思. 时间的暴政:移动互联时代青年劳动审视[J/OL]. 中国青年研究,2021(7):1-10[2021-08-09]. https://doi.org/10.19633/j.cnki.11-2579/d.2021.0096.

[18] 抖音平台所创造的各类就业带有强烈的灵活性和创造力,既不同于传统行业的工作机会,也同其他平台的就业岗位有明显差别。我们可以将抖音平台带动的就业称为“灵工”,它们不完全是灵活就业或打零工,而是有很强的自主性和创造性,并需要进行快速响应和随需而变。文中数字灵工用以说明不同平台中灵工现象依然普遍。中国人民大学国家发展与战略研究院. 灵工时代:抖音平台促进就业研究报告[EB/OL]. [2021-04-30]. http://nads.ruc.edu.cn/zkcg/

ztyjbg/c90764ffcbd6-41b79e3b9e352abeee61. htm
[19] 鲍曼. 流动的现代性[M]. 欧阳景根，译. 上海：上海三联书店，2002：3－12.
[20] 夏德元，刘博. “流动的现代性”与“液态的记忆”：短视频在新时代集体记忆建构中的特殊作用[J]. 当代传播，2020(5)：38－42，53.
[21] 陈福平，李荣誉. 见“微”知著：社区治理中的新媒体[J]. 社会学研究，2019，34(3)：170－193＋245.
[22] 夏德元，刘博. 智能媒体时代的出版变局与编辑身份危机[J]. 编辑学刊，2020(6)：6－11.
[23] 夏德元，刘博. 智能媒体时代编辑角色重构与编辑素养新内涵[J]. 中国编辑，2020(10)：65－69.
[24] 夏德元，窦林卿，孙智华. “流量思维”的是是非非[J]. 传媒评论，2020(3)：78－80.
[25] 张耀钟. 作为媒介权力的平台：一种批判的视角[J]. 传媒观察，2018(10)：91－97.
[26] 国家互联网信息办公室. 网络信息内容生态治理规定[Z]. 北京：国家互联网信息办公室，2019.
[27] 喻国明，焦建，张鑫. “平台型媒体”的缘起、理论与操作关键[J]. 中国人民大学学报，2015，29(6)：120－127.
[28] 夏德元. 数字时代电子媒介人的崛起与出版新视界[J]. 学术月刊，2009，41(9)：21－27.

以网络口碑预测用户在线观影行为

——基于豆瓣平台大数据的实证研究

刘 畅① 黃康妮②

【摘 要】 受互联网技术发展的影响，观影渠道呈多元化发展趋势，从影院向线上延伸。在线观影的市场份额逐年增加，成为业界近年关注的热点，但学者们对此领域的研究相对较少。本文试图从口碑研究入手，探索和预测用户在线观影行为。

本文选取407部未在大陆影院上映的爱情类电影，通过数据挖掘法爬取190 761条网络评价，结合情感分析，基于UTAUT2建立了用户采纳在线影片的模型，有效预测用户在线观影的意愿与行为（$R^2=0.847$）。研究发现，社交媒体中的网络口碑以量取胜，并且在消费者进行购买决策时，可以视作用户感知的来源。此外，本文创新性地发现情感型口碑可以作为消费者感知娱乐性的来源，与工具型口碑共同影响潜在观众对影片的感知。不论是快乐等积极情感，还是悲伤等消极情感，网络口碑情感强度总体正面影响用户在线观影行为。

【关键词】 在线观影；情感分析；网络口碑；观影意愿

中国互联网络信息中心（CNNIC）《第48次中国互联网发展状况统计报告》[1]指出，截至2021年6月，中国网民人数超过10.11亿人，其中网络视频用户已达9.44亿人。互联网技术的发展与智能终端的普及促进了媒体融合，用户可以通过电脑、手机等智能移动端随时随地观看影片，在线观影将成为新常态[2]。近年来，国内在线视频平台付费观影群体大幅增长，七成以上受访者有过线上付费观影经历[3]。据爱奇艺视频与腾讯视频2021年第二季度财报统计，两个在线视频平台付费会员规模超2.3亿人，并仍在加速上升。

此外，用户角色发生演变，既是内容消费者，又是内容生产者与营销者[4]。用户在社交网站上发布的关于电影体验的内容[5]，这类用户生产的非商业目的的信息被称为网络口碑（e-word-of-mouth, e-WOM）[6]，在很大程度上影响其他潜在在线观影消费者的态度和意愿[7]。

在线观影用户规模相当庞大，但鲜少有关于此领域的研究，并且几乎没有研究建立模

---

① 上海交通大学媒体与传播学院硕士研究生。

② 辅仁大学新闻传播学系助理教授。

型以考察在线用户的观影行为。本文探索性地以网络口碑测量潜在消费者的感知，并与用户研究的理论框架 UTAUT2 相结合。以往的用户研究常采用自我报告测量法，但有时用户自身无法准确报告其观影认知、感知与情绪。本文采用非介入式的数据挖掘方式，在豆瓣平台爬取大量影片数据，以已消费用户的行为数据替代自我报告，试图将潜在消费者感知的核心概念，转化为消费者在社交媒体中实际接触的文本内容，并结合 UTAUT2 模型分析用户行为背后的模式与法则。研究结果有助于电影发行方与在线视频平台理解网络口碑等社交媒体线索对用户的影响，有效调整口碑营销、平台选片等策略和机制，助力构筑互联网影视文化新生态。

一、文献综述与理论框架

1. 文献综述

1）传统观影行为的影响因素

传统观影行为指在影院中观看电影，前人研究大多将影片票房作为因变量。1989 年，巴里 · R. 利特曼(Barry R. Litman)首次建立票房收入预测模型，找出了 14 个影响因素[8]。后续研究者在此基础上归纳出包括影片出产国、影片评级、明星影响力、影片类型、口碑、消费者自身因素、文化熟悉度等直接或间接影响因素。

其中，最有效的预测票房的因子是口碑（WOM）[9]，其定义为“在不受商业目的的影响下，信源与受众之间关于品牌、产品、组织或服务的非正式的人际沟通”[10]。大多研究证明口碑对票房有很大的影响力[11]，但口碑效价的作用则众说纷纭[12]，也有研究者发现口碑可作为口碑效价与电影票房的中介变量。

2）网络口碑与传统观影行为

随着互联网的普及，网络口碑(e-WOM)应运而生，是指“潜在客户、当前用户或前任用户在网络上发表的对产品或公司任何正面或负面的表述[13]”。网络口碑得益于互联网可检索、易存储等特点，其对产品购买行为的影响要远超过传统口碑[14]。据统计，70％的影迷在选择电影时感到犹豫，47％的网民在观影前寻找关于电影的信息，其中，76. 9％的人利用这些信息选择即将观看的影片[15]。随着豆瓣、IMDb 等影视在线数据库的发展，潜在消费者会接触用户生产的网络口碑信息，如用户评级、观影人数、在线观影渠道等。

对用户而言，电影是一种质量不确定的经验性商品，通过阅读其他消费者的网络口碑可以降低不确定性，影响用户对影片的态度与判断，从而作用于其行为[16]。此外，与主流受众观看同一影片，能提升群体归属感、获取舆论谈资、满足社交需求[17]，这也是网络口碑作用于观影行为的另一条途径。

3）网络口碑与在线观影

在线观影是指观看利用流媒体技术从互联网传输的影片。流式传输技术打破了传统影院观影和下载影片观看对于时间与空间的束缚，使这一观看方式被普遍接受[18]。不同于传统观影，在线观影使观众拥有更大的选择权，可以在成千上万的影片中任意选择，因此更依赖口碑来帮助进行观影决策[16]。

目前,考察口碑对在线观影影响的研究较少,但现有研究可以证明网络口碑可正向推动用户在线上观看影片的行为[19]。此外,一项针对在线动漫平台用户的研究发现,用户观看决策不仅与评价数量与效价显著正相关,而且用户所感受到的他人的采纳行为,也对其自身决策产生至关重要的影响[9]。然而,目前国内学者几乎没有针对网络口碑对在线观影的研究,也几近没有研究基于用户研究模型对在线观影的影响因素进行分析。

4) UTAUT 与 UTAUT2

2003 年,维斯瓦纳特·文卡特斯赫(Viswanath Venkatesh)等人综合八种主要的技术采纳与行为意愿理论,发展了技术接受和使用统一模型(unified theory of acceptance and use of technology, UTAUT)[20]。在新媒体研究领域中,UTAUT 是一个发展较为成熟的模型,以四个核心概念,即绩效期望(performance expectancy)、努力期望(effort expectancy)、社会影响(social influence)和便利条件(facilitating conditions),预测个人采纳新技术或新媒体的行为。2012 年,文卡特斯赫等人针对互联网消费者进一步提出 UTAUT2[21],加入了直觉性与感受性较强的三个概念,以预测消费者的新科技采纳意愿与行为,包括享乐动机(hedonic motivation)、价值(price value)和习惯(habit),更专注于消费者对技术的使用,由内在动机驱动,强调了用户的认知和情感属性。其预测意愿的准确性由 56%提升至 74%,预测行为的准确性由 40%提升至 52%。

2. 理论框架

在 UTAUT2 模型的理论框架下,本文试图将消费者感知的核心概念,转化为消费者在社交媒体中实际接触的文本内容。换言之,原模型以消费者所感知到的新技术实用性与价值感,预测其采纳新技术的意愿与行为;而本文则试图以可观察的、由他人感知的实用性与价值感,预测消费者的购买意愿与行为,这一转换基于两个主要原因。第一,电影作为一种经验性商品,无法让消费者在购买前通过自身体验来建立个人对商品的感知,因此潜在消费者需通过其他用户的口碑与感知建立购买意愿[22]。第二,本文试图了解社交媒体中以量取胜的用户口碑,能否在消费者进行购买决策时,被视作可观察的行为结果与对产品感知的来源。

因此,本文以口碑研究为基础,与用户研究模型结合,将他人感知的商品特性分为工具型口碑与情感型口碑。正如文卡特斯赫等学者所强调的,原四大核心概念着重于感知的工具性与实用性[21],运用在电影口碑研究中,即其他消费者所感知的好看度(预期绩效)、平台支持程度(便利条件)、电影推荐评分与讨论热度(社会影响)。值得注意的是,本文试图在传统工具型口碑以外,加入情感型口碑(即情感强度)作为消费者感知娱乐性的来源。电影观赏行为一向被视为一种情感经验的消费。电影工作者借助叙事、角色性格、配乐与视觉效果等技术,将电影内容与观影者的个人经验建立情感联结[23-24]。综合文献,观影者能从观赏电影所产生的情感体验中获得直接或间接的满足。首先,影片通过光影艺术唤起观众的情感,无论是快乐或悲伤的情绪,情感体验本身是消费电影的一种预期回报。其次,观影时的情感体验可被视为个人在生活中情感经验的抚慰或疗愈,无论是通过与影片中的内容比较、由影片内容反思个人经验,还是从中提炼出个人情感经验的意义,都让观影者产生情感联结与共鸣，并得到满足。

二、研究模型与假设

1. 模型构建

模型以口碑研究为基础，结合 UTAUT2 模型，针对在线观影领域的特点，删去了价格与努力期望两个因变量。目前，在线观影平台多实行月付会员制，难以统计影片单价，加之会员价格较低，对在线观影意愿影响可基本忽略。此外，在线观影操作简便且无需学习就能使用，因此不考虑努力预期的影响。图 1 列出 UTAUT2 理论框架中的重要概念，并与电影口碑研究中的相关概念对照。

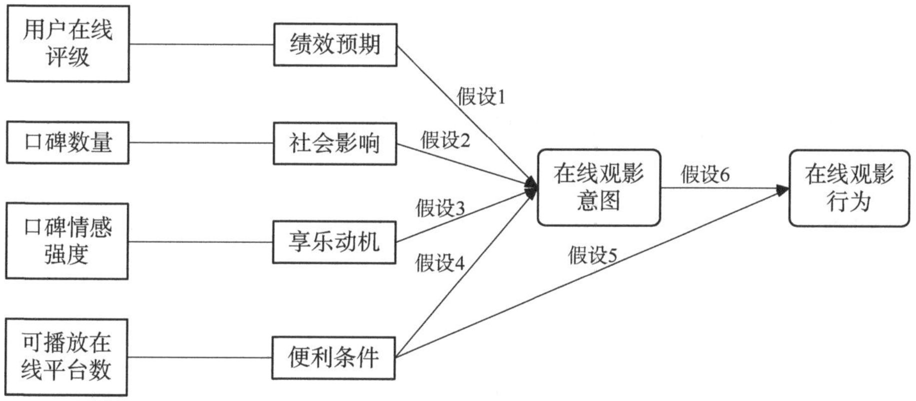

图 1　研究模型图

2. 研究假设

1）绩效预期

绩效预期是指“使用该产品将为消费者达成工具性目标的程度”。本文试图以工具型口碑，即用户评级，作为其他消费者感知绩效的来源。也就是说，用户在线评级分数越高，则有可能为消费者提供越高的预期绩效感知。

假设 1：用户在线观影的绩效期望与其在线观影意愿正相关。

2）社会影响

社会影响是指用户感知到的对其重要的人对该产品的推荐程度。尽管在电影评论社群中，用户参照的意见并非主要来自生活中的重要他人。然而，过去研究发现，获取群体意见是电影消费者使用电影评论社群的主要原因[23]。因此，本文以电影讨论的热度（即口碑数量）作为消费者感知社会影响的来源。

假设 2：用户在线观影的社会影响与其在线观影意愿正相关。

3）享乐动机

享乐动机被定义为观影带来的享受或快乐。追求情感体验与“乐趣”或是满足观众观影的兴趣是原因之一[25]。因此,情感反应强度越大,越容易吸引以娱乐为主要目的的观众消费该影片[26]。本文采用情感分析法,以影片口碑中表达出的情感经验强度衡量该影片能为观众带来的享受。

假设 3:用户在线观影的享乐动机与其在线观影意愿正相关。

4) 便利条件

便利条件是指支持消费者行为的资源。部分影片在主流视频平台并无正版资源,而部分影片在多个视频平台上均可播放。因此,用可播放视频平台数量衡量在线影片的技术支持与可用性,该变量对在线观影的意愿与行为都产生影响。

假设 4:用户在线观影的便利条件与其在线观影意愿正相关。

假设 5:用户在线观影的便利条件与其在线观影行为正相关。

5) 在线观影意愿

计划行为理论等诸多重要研究证明,特定的意愿会影响行为[27]。因此,推测观影意愿是预测观影行为最有效的变量。

假设 6:用户在线观影意愿与其在线观影行为正相关。

三、研究方法

1. 样本

1) 样本选择

在选择研究的影片样本时,控制影片类型与用户观影环境两个关键变量。

前人研究表明,电影类型能降低观众的认知成本,帮助其找到符合期待的影片。因此,电影类型的普适性越强,其受众范围越广[28]。而以往研究中,对比不同类型影片的口碑进行情感分析时,发现爱情类电影的结果更为准确[29]。故为控制变量,本文选择爱情类型影片作为研究样本。

此外,影院观影较之其他观影场景而言,屏幕更大,且音质与画质总体而言更胜一筹,因此沉浸感更佳。观影环境会影响用户体验[30],从而影响其发布的网络评论。因此,本文仅选取未在中国大陆影院内上映的影片,以控制用户的观影环境。

2) 数据来源与获取

在豆瓣爱情电影排行榜平台上筛选有 500 条以上评论的影片,取前 500 部。再以"未在中国大陆影院上映电影"为规则进行筛选,获得 407 部产自全球范围的爱情电影作为样本。

影片数据来源于豆瓣网,这是国内用户数量最多、电影数据库最完整的影视在线数据库,月活跃用户数近亿,其打分评价体系较为完善,且评论评价数据基数大,是较为理想的数据源。

利用 Phython 3 进行数据挖掘,抓取内容包括 407 部影片的电影 ID、主创、类型、语言与地区、可播放平台数量、评分、"看过"人数、"想看"人数、评论 ID 和评论内容等。

2. 变量

1）用户在线评分等级

选取豆瓣评分作为用户在线评分等级的代表变量。豆瓣平台对电影的评分设置为1星到10星的梯度，分数越高，则代表观众对电影的喜爱和认可程度越高（*M*=8.29，*SD*=0.43，**MIN**=6.9，**MAX**=9.5）。

2）影片网络评论数量

豆瓣平台上针对样本影片的口碑总数（*M*=31 685.83，*SD*=44 606.72，**MIN**=876，**MAX**=378 130）。

3）影片评论情感强度

对样本影片在豆瓣平台上显示的全部评论原始数据进行情感分析，得到每部影片口碑分别在21个情感维度的数值，以快乐（PA）为例：

$$\mathrm{VPA} = \Sigma \mathrm{PA} / \mathrm{Nc} \qquad (式 4-1)$$

其中，VPA代表该电影在快乐（PA）维度的情感值，ΣPA代表该电影所有口碑中快乐（PA）情感值的总和，Nc代表该影片在豆瓣平台上可显示的口碑数量。

21类情感值之和为该电影的情感强度：

$$\mathrm{I} = \mathrm{VPA} + \mathrm{VPE} + \mathrm{VPD} + \mathrm{VPH} + \mathrm{VPG} + \mathrm{VPB} + \mathrm{VPK} + \mathrm{VNA} + \mathrm{VNB} + \mathrm{VNJ} + \mathrm{VNH} + \mathrm{VPF} + \mathrm{VNI} + \mathrm{VNC} + \mathrm{VNG} + \mathrm{VNE} + \mathrm{VND} + \mathrm{VNN} + \mathrm{VNK} + \mathrm{VNL} + \mathrm{VPC} \qquad (式 4-2)$$

其中，I为影片情感强度，VPA代表该电影快乐（PA）的情感值，其他各项均为对应情感值（*M*=4.85，*SD*=1.31，**MIN**=2.11，**MAX**=8.63）。

4）可播放在线平台数量

该变量统计6个主流在线观影平台（腾讯视频、优酷视频、爱奇艺视频、哔哩哔哩、1905电影网与咪咕视频）中，有样本影片播放资源的平台数量（*M*=1.59，*SD*=1.593，**MIN**=0，**MAX**=6）。

5）在线观影意愿

通过在豆瓣平台上点击"想看"的用户数测量在线观影意愿，已观看该影片的用户不计算在统计范围内（*M*=48 635.11，*SD*=47 032.56，**MIN**=994，**MAX**=251 197）。

6）在线观影行为

通过在豆瓣平台上点击"已看"的用户数测量在线观影行为（*M*=138 524.2，*SD*=218 774.58，**MIN**=467，**MAX**=1 956 802）。

3. 研究方法

研究采用SPSS 26.0作为分析工具，以用户在线评分等级、影片评论数量、影片评论情感强度与可播放在线平台数为自变量，在线观影意愿作为中介变量，在线观影行为作为因变量，进行基于皮尔逊系数的相关性分析、回归分析与中介效果检验分析。

情感分析部分采用数据挖掘与内容分析法,分为增补情感词典、意见挖掘与情感分析三个步骤。数据以大连理工大学信息检索研究室编写的中文情感词典为基础[31],并针对近期产生的网络用语、旧词新义等现象完成情感词典增补。在对词典进行增补编码的过程中,首先利用本次研究外的社交媒体中搜集的大数据,进行实践练习,并更新修改编码规则。在完成编码员训练并通过信度测试(以 Krippendorff's $\boldsymbol{\alpha}$ 计算公式测量,每个变量的信度系数都达到 0.80 以上)后,对现有词汇库进行更新补充。

情感分析利用自然语言处理技术,对在线电影口碑中的情感词进行抓取与处理。随后基于情感词典,对处理后文本的词性、情感分类、情感强度、情感极性和辅助情感等进行编码,最终获得每条电影评论中不同类别的情感强度数据。

四、数据分析

1. 相关性分析

表 1 列出了每个变量的平均值、标准差与 6 个变量之间的相关系数。评分等级、评论数量、情感强度与在线观影意愿在 $P<0.01$ 水平上显著相关;在线观影意愿、可播放平台数量与在线观影行为在 $P<0.01$ 水平上显著相关。可播放平台数量与在线观影意愿的相关性不显著。

表 1　评分等级、评论数量、情感强度、可播放平台数量、观影意愿与观影行为的相关性、均值与标准差

	变量	*M*	*SD*	1	2	3	4	5	6
1.	评分等级	8.29	0.43	1.00					
2.	评论数量	31 685.83	44 606.72	0.11*	1.00				
3.	情感强度	4.85	1.31	0.93**	0.06	1.00			
4.	可播放平台数量	1.59	1.59	−0.02	0.13*	−0.04	1.00		
5.	观影意愿	48 635.11	47 032.56	**0.25***	**0.79****	**0.22****	**0.04**	1.00	
6.	观影行为	138 524.20	218 774.58	0.26	0.95**	−0.02	**0.16****	**0.71****	1.00

* $P<0.05$,** $P<0.01$。

2. 以在线观影意愿作为因变量回归

表 2 中的多元线性回归结果显示,在线观影意愿的总变异性在很大程度上是由在线评分等级($t=4.388$,$df=4$,$P<0.001$)、网络评论数量($t=26.511$,$df=4$,$P<0.001$)和情感强度($t=4.864$,$df=4$,$P<0.001$)预测的,$F(4,402)=210.315$,$P<0.001$;$R^2=0.673$。

表 2　在线观影意愿的回归模型($n=407$)

模型	非标准化系数		标准化系数	95%置信区间		t
	B	SE	β	下限	上限	
(常量)	−115 408.822	26 002.738		−166 527.154	−64 290.491	−4.438***
评分等级	13 981.141	3 186.561	0.129	7 716.736	20 245.546	4.388***
评论数量	0.812	0.031	0.770	0.752	0.872	26.511***
情感强度	5 040.823	1 036.277	0.141	3 003.623	7 078.022	4.864***
可播放平台数量	−1 249.693	847.487	−.042	−2 915.753	416.366	−1.475
$R^2(F)$	**0.673*** (210.315)**					
$D-W$	1.777					

* $P<0.05$, ** $P<0.01$, *** $P<0.001$。

对于评分等级、网络评论数量与情感强度的非标准化斜率与标准化斜率均在统计学上与零值显著不同。由数据得出,在线评分等级每增加 1 分,新增约 14 000 位用户想在线观看此影片;影片网络评论数量每增加 1 条,大约增加 1 位有在线观影意愿的用户;情感强度每增加 1 个点,则新增 5 000 余位有在线观影意愿的用户。

在线评分等级、网络评论数量和情感强度三个变量的非标准化斜率置信区间不包括零,进一步证实这些变量是在线观影意愿用户数量的统计学显著预测因子。而可播放平台数量这一变量的非标准化斜率置信区间包括零,因此不是在线观影意愿用户数量的显著预测因子。

此外,调整后的 R^2 为 0.673,意味着该模型可以预测大约 67.3%的在线观影意愿变化。

3. 在线观影意愿的中介效应检验

在假设模型中,可播放平台数量对在线观影行为有直接影响,同时,其以在线观影意愿为中介变量对在线观影行为产生间接影响。因此,需要进行中介效应检验。通过 SPSS 中的 PROCESS 插件进行中介效应检验分析,可播放平台数量作为自变量,在线观影意愿为中介变量,在线观影行为作为因变量。其结果如表 3 所示:

表 3　便利条件—在线观影意愿—在线观影行为的中介效应检验

便利条件对在线观影行为的直接效应					
效应	*SE*	*Z*	*P*	*LLCI*	*ULCI*
17 517.491 9	4 747.792 0	3.689 6	0.000 3	8 184.028 4	26 850.955 4
便利条件对在线观影行为的间接效应					
	效应	Boot*SE*	Boot*LLCI*	Boot*ULCI*	
用户在线观影意愿	3 999.640 4	5 358.231 2	−5 992.291 1	15 213.016 1	

在95%置信区间下,中介检验的结果显示,中介效应的置信区间包含0($LLCI=-5\,992.291\,1$,$ULCI=15\,213.016\,1$),这表明在线观影意愿在可播放平台数量与观影行为之间不起中介效应。

4. 以在线观影行为作为因变量回归

表4以在线观影行为作为因变量进行的多元线性回归分析结果表明,其总变异性在很大程度上可以由在线可播放平台数量与用户在线观影意愿来预测,$F(2,404)=217.000$,$P<0.001$,$R^2=0.516$,该模型可以解释约51.6%的在线观影行为变化。

表4 在线观影行为的回归模型($n=407$)

模型	非标准化系数		标准化系数	95%置信区间		t
	B	标准误差	β	下限	上限	
(常量)	−48 359.926	13 047.053	—	−74 008.517	−22 711.335	−3.707***
可播放平台数	17 517.492	4 747.792	0.128	8 184.03	26 850.954	3.690***
在线观影意愿	3.270	0.161	0.703	2.954	3.586	20.333***
$R^2(F)$	**0.516*** (217.000)**					
$D-W$	1.942					

* $P<0.05$, ** $P<0.01$, *** $P<0.001$。

对于在线可播放平台数量而言,其非标准化斜率为17 517.492,标准化斜率为0.128,两者在统计学上均与零值显著不同($t=3.69$,$df=2$,$P<0.001$)。这表明影片每增加1个可以观看该影片的主流在线视频平台,在线观影行为的用户数量增加大约17 517.49位。对于用户在线观影意愿而言,其非标准化斜率为3.27,标准化斜率为0.703,两者在统计学上均与零值显著不同($t=20.333$,$df=2$,$P<0.001$)。这表明每增加1位想看该影片的用户,实际观看该影片人数增加约3位。

两个变量的非标准化斜率置信区间均不包括零,这进一步证实了在线可播放平台数量与用户在线观影意愿是在线观影行为用户数量的具有统计学意义的显著预测因子。

5. 假设总结与模型修正

假设检验的总体结果如表5所示:

表5 假设验证情况

假 设	结果
假设1:用户在线观影的绩效期望与其在线观影意愿正相关	支持
假设2:用户在线观影的社会影响与其在线观影意愿正相关	支持
假设3:用户在线观影的享乐动机与其在线观影意愿正相关	支持
假设4:用户在线观影的便利条件与其在线观影意愿正相关	不支持

（续表）

假 设	结果
假设 5：用户在线观影的便利条件与其在线观影行为正相关	支持
假设 6：用户在线观影意愿与其在线观影行为正相关	支持

修正后的模型如图 1 所示，该模型总体决定系数为 $R^2=0.847$。

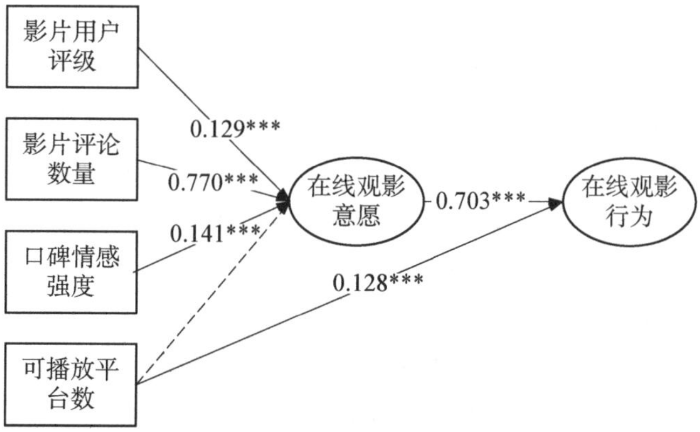

图 1　修正后的研究模型（$R^2=0.847$）

五、讨论与总结

1. 研究发现

本文选取 407 部未在国内影院上映的爱情类电影，发现绩效期望、社会影响、享乐动机是预测用户在线观影意愿的关键因素，而观影意愿与便利条件则是促成用户观看该电影行为的重要预测指标，这与 UTAUT2 模型相符。然而，便利条件对用户观影意愿的预测效果不佳，且观影意愿对便利条件与观影行为之间的关系不具有中介效应。以下将对这些发现进行详细讨论。

基于网络工具型口碑与情感型口碑的绩效期望、社会影响与享乐动机能显著预测用户的在线观影意愿。用户通过影片在线评级所感知的绩效期望，即对影片质量的期待，对在线观影意愿影响较大，这与前人的研究一致。用户生成的在线评级基本不受利益相关方的影响，可以为潜在观影者提供针对影片相对公正与客观的质量评估[30]。

用户通过网络评论数量所感知的社会影响与在线观影意愿显著相关，这一发现与先前关于电影票房与网络评论的研究结果一致[31]。一方面，用户的观影意愿常常会受到提升群体归属感、获取舆论谈资等社交需求的影响[32-33]；另一方面，网络评论数量反映了观众对影片的讨论热度。用户参与讨论越积极，社会影响越大，接触相关的信息越频繁，就越能激发观影意愿[34]。

用户由情感型口碑感知的享乐动机对在线观影意愿的预测也得到了证实。用户期待通过观影获得愉悦满足感。研究结果表明，影片网络评论的情感强度正向影响潜在用户对享乐动机的感知，与更高的在线观影意愿相联系。值得关注的是，本文采用的情感分析，不同于先前大量研究采用的正负情感二分法，而是计算所有维度的情感强度总和。多项研究发现，并非只有纯粹的娱乐才被视为观众的享乐满足[35]。正如催人泪下的悲剧与令人扼腕的诗歌常常令人着迷一般，无论是快乐、祝福等积极情感，还是悲伤、愧疚等消极情绪，都能通过充沛的情感体验促使观众产生内在的愉悦满足感[26]，从而正向影响用户在线观影意愿。

与假设不同但值得关注的发现是，用户通过可播放平台数量感知的便利条件对观影意愿没有显著影响，但与在线观影行为显著相关。究其原因，对影院观影而言，处于上映档期的影片数量有限，因此观众感知到的影片便利条件对其线下观影意愿十分重要。然而，在线观影为用户提供了海量影片资源，用户更倾向于先对该影片产生观影意愿，再考虑其是否有播放资源。此外，在线观影意愿对在线观影行为的预测作用也得到印证。

2. 理论价值与现实意义

本文的理论意义首先在于将口碑研究与用户采纳模型结合，丰富了在线观影领域的研究。针对这种新兴出现且大范围普及的文娱行为，此前学界却鲜少进行相关研究。本文结合 UTAUT2 模型，针对在线观影领域的特点，建立了全新的预测模型。研究结果将 UTAUT2 模型的适用范围进一步推广，将其从消费者对在线技术产品的采纳与使用，扩展至消费者对在线文娱产品的采纳与使用。

其次，本文验证了网络口碑不仅对传统观影行为有影响，对在线观影行为同样具有不可小觑的影响。由于在线平台为用户提供了海量选择，加上网络的便利性和平台之间的连通性，用户在进行观影决策的时候更倾向于依赖网络口碑。

再次，本文将新的研究方法与经典模型相结合，用数据挖掘这一智能传播的研究方法和情感分析方法测量用户的感知，开创性地考察网络口碑作为社交平台上大量可观察的他人感知是否能成为用户个人感知的来源，并在传统工具性口碑以外，加入了情感性口碑作为用户感知娱乐性的来源。

最后，本文引入了一个在线观影领域的新变量，即在线可播放平台数量。此前国内外几乎没有研究使用，数据证明其为预测在线观影行为的有效变量，为在线观影心理与行为研究提供了新的思考角度。

研究发现有助于视频平台与电影宣发方更好地理解影响在线观影用户对影片态度、观影意愿与观影行为的要素。影片宣发方在营销时应着重关注网络口碑数量，这是促进潜在观影群体意愿的最有效途径。此外，在影片营销过程中，当宣发方策划引导影评话题走向时，不应仅仅强调积极情感，常被忽略的是，愧疚、伤感等消极情绪的评论同样对促成观影意愿具有重要作用。对视频平台运营者而言，可以着重考虑购买观影意愿较强的影片版权，此类影片具备观影便利条件后，用户的观影意愿很容易转化为在线观影行为，从而增加平台方的收益。

3. 不足与展望

由于本文基于数据挖掘方法进行分析，没有把消费者的习惯纳入考量(例如，喜欢看悬疑片的用户会在选择电影时倾向于特定类型的影片)。此外，研究模型还不够完善，没有考虑时间、人口统计学等变量，加入上述要素有望进一步提升模型预测的准确性。再者，本文的样本均为爱情类影片，其结果是否适用于其他类型电影还有待进一步验证。

未来的工作可以进一步验证以可观察的用户行为数据替代用户自我报告感知的可行性。也可以考察其他预测线下票房的因素是否同样能作用于在线观影行为，如获奖纪录、演员知名度、文化接近性等。另外值得关注的是，在线观影的发展得益于流媒体技术与 4G 技术的普及。5G 技术的快速普及与发展使大量数据的稳定传输成为可能，或将进一步推动观影模式的多元化变革，沉浸式观影等新兴的观影方式正逐渐受到关注，值得深入研究。

参考文献

[1] 中国网信网. 第 48 次《中国互联网络发展状况统计报告》[R]. 北京：中华人民共和国国家互联网信息办公室，2021.

[2] 从吴刚. 观看之变：网络/视频网站在线观影机制试探[J]. 电影文学，2020(8)：10 - 14.

[3] 孙淑珍，牛兴侦. 后疫情时代电影放映模式分析[J]. 电影文学，2021(5)：3 - 7.

[4] Linares-Palomar R, Baraybar-Fernández A. The empowerment of the film spectators: theatrical on demand in Spain [J]. EI profesional de la informacion, 2017(26):67 - 76.

[5] Kim A J, Johnson K K P. Power of consumers using social media: examining the influences of brand-related user-generated content on Facebook [J]. Computers in human behavior, 2016 (58):98 - 108.

[6] Arndt J. Role of product-related conversations in the diffusion of a new product [J]. Journal of marketing research, 1967,4(3):291 - 295.

[7] Duan W, Gu B, Whinston A B. The dynamics of online word-of-mouth and product sales-an empirical investigation of the movie industry [J]. Journal of retailing, 2008,84(2):233 - 242.

[8] Litman B R, Kohl L S. Predicting financial success of motion pictures: the'80s experience [J]. Journal of media economics, 1989,2(2):35 - 50.

[9] Ameri M, Honka E, Xie Y. Word of mouth, observed adoptions, and anime-watching decisions: the role of the personal vs. the community network [J]. Marketing science, 2019,38 (4):567 - 583.

[10] Eugene A W. Customer Satisfaction and Word of Mouth [J]. Journal of Service Research, 1998,(1):5 - 17.

[11] Liu Y. Word of mouth for movies: its dynamics and impact on box office revenue [J]. Journal of marketing, 2006,70(3):74 - 89.

[12] Chintagunta P K, Gopinath S, Venkataraman S. The effects of online user reviews on movie box office performance: accounting for sequential rollout and aggregation across local markets [J]. Marketing science, 2010,29(5):944 - 957.

[13] Cheung C M K, Thadani D R. The effectiveness of electronic word-of-mouth communication: a literature analysis [J]. 23rd Bled eConference, June 20 - 23, 2010, Bled, Slovenia, 2010: 329 - 345.

[14] Baek H, Oh S, Yang H D, et al. Electronic word-of-mouth, box office revenue and social media [J]. Electronic commerce research and applications, 2017(22):13 - 23.

[15] Gavilan D, Fernández-Lores S, Martinez-Navarro G. The influence of online ratings on film choice: decision making and perceived risk [J]. Communication & society, 2019,32(2):45 - 57.

[16] Reinstein D A, Snyder C M. The influence of expert reviews on consumer demand for experience goods: a case study of movie critics [J]. The journal of industrial economics, 2005, 53(1):27 - 51.

[17] 杨越明,李莉."互联网+"背景下大众电影消费新生态研究[J].当代电影,2017(11):90 - 94.

[18] Li J, Cui Y, Chang B. Peerstreaming: design and implementation of an on-demand distributed streaming system with digital rights management capabilities [J]. Multimedia systems, 2007,13 (3):173 - 190.

[19] Viggnesh M K. Factors affecting consumer behavior towards watching movies in different platforms [J]. Journal of advanced research in dynamical and control systems, 2018(8): 413 - 417.

[20] Venkatesh V, Morris M G, Davis G B, et al. User acceptance of information technology: toward a unified view [J]. MIS quarterly, 2003,27(3):425 - 478.

[21] Venkatesh V, Thong J Y L, Xu X. Consumer acceptance and use of information technology: extending the unified theory of acceptance and use of technology [J]. MIS quarterly, 2012,36 (1):157 - 178.

[22] Chatterjee P. Online reviews: do consumers use them? [C]//Gilly M C, Meyers-Levy J. Advances in consumer research Volume 28. Valdosta, GA:Association for Consumer Research, 2001:129 - 133.

[23] Aurier P, Guintcheva G. The dynamics of emotions in movie consumption: a spectator-centred approach [J]. international journal of arts management, 2015,17(2):5 - 18.

[24] Oh C, Roumani Y, Nwankpa J K, et al. Beyond likes and tweets: consumer engagement behavior and movie box office in social media [J]. Information & management, 2017,54(1): 25 - 37.

[25] Oliver M B, Raney A A. Entertainment as pleasurable and meaningful: identifying hedonic and eudaimonic motivations for entertainment consumption [J]. Journal of communication, 2011,61 (5):984 - 1004.

[26] Sadadi H, Aloufi D, Ye Z. Predict movie revenue by sentimental analysis of twitter [C]// Proceedings of the international conference on data processing and applications. 2018:1 - 4.

[27] Fishbein M, Ajzen I. Belief, attitude, intention, and behavior: an introduction to theory and research [M]. Reading, MA:Addison-Wesley Publishing Company, 1977.

[28] 陈吉.当代好莱坞电影票房市场与类型关系:兼论产业化背景下的中国电影类型发展[J].电影艺术,2013(1):75 - 81.

[29] Hu Y H, Shiau W M, Shih S P, et al. Considering online consumer reviews to predict movie box-office performance between the years 2009 and 2014 in the US [J]. The electronic library, 2018,36(6):1010 - 1026.

[30] 全贞花,王小芳.网络口碑传播对用户观影意愿的影响研究:以豆瓣评分为例[J].东南传播,2020 (4):55 - 59.

[31] Lee J, Chen C C, Song H J, et al. Consumption of movie experience: cognitive and affective

approaches [J]. Journal of quality assurance in hospitality & tourism, 2017,18(2):173 - 199.

[32] 杨越明,李莉."互联网+"背景下大众电影消费新生态研究[J].当代电影,2017(11):90 - 94.

[33] 姜照君,吴志斌,孙吴优.网络口碑对国产与进口动画电影票房的影响:以 2009—2018 年为例[J].国际新闻界,2020,42(8):147 - 162.

[34] 杨扬.网络口碑对体验型产品在线销量的影响:基于电影在线评论面板数据的实证研究[J].中国流通经济,2015,29(5):62 - 67.

[35] Tamborini R, Bowman N D, Eden A, et al. Defining media enjoyment as the satisfaction of intrinsic needs [J]. Journal of communication, 2010,60(4):758 - 777.

移动互联网用户对H5新闻的满意度研究

战瑾元①

【摘　要】 H5新闻是信息科技发展下的超媒体产物，以场景化呈现为受众带来全新体验。本文探讨移动互联网用户对H5新闻的满意度及其持续使用意愿，为相关信息服务商设计和优化内容提供参考和建议。基于期望确认理论和技术接受理论，本文采用问卷调查法构建H5新闻的用户体验模型。研究发现：①期望确认对感知交互、感知内容和感知易用性有显著正向影响，但无法直接作用于满意度；②感知内容、感知交互对用户满意度有显著正向影响，满意度又显著影响用户的持续使用意愿；③感知易用性不能直接作用于用户满意度，但能显著正向影响感知内容，并通过感知内容间接影响用户的态度和进一步使用意愿。

【关键词】 H5新闻；用户体验；新媒体；满意度；持续使用意愿

随着互联网通信技术的迅速发展，信息可视化成为传统媒体应用新媒体技术创新报道的重要表达方式[1]。一种全新的、深度互动的多感官数字体验新闻——H5新闻开始流行于网络，比如2017年《人民日报》推出的《快看呐！这是我的军装照》，以及2018年网易新闻推出的《1分钟漫游港珠澳大桥》。前者借助人脸识别、融合成像等技术帮助用户生成虚拟军装照，后者通过仿真模拟系统让用户尽览港珠澳大桥风光，都取得了千万甚至上亿的点击量。毋庸置疑，H5已成为移动互联网时代高效的新闻信息传播手段，能让用户利用碎片化时间了解新闻事件的核心要点。

H5新闻指建立在HTML5技术规范基础之上，结合特定的网页效果（动画）、视听效果（音效和动效）、感官效果（3D、全景）和交互性（手势、重力感应）等因素，以超媒体技术呈现的报道形式[2]。超媒体的一大特性是非线性的信息媒介，将图像、音频、视频、纯文本以超链接的形式组织起来，让人们得以访问不同结构的信息仓库。与AR、VR类似，H5新闻拥有强大的交互性和情景再塑能力，可以带给受众沉浸式的使用体验，但无需佩戴复杂烦琐的设备，从而节约受众的时间和精力，进而实现更广泛的传播。结合众多学者的探讨，本文认为H5新闻主要有三种建构方式：仿真模拟、故事叙述和互动游戏[3-5]。仿真模拟主要通

① 上海交通大学媒体与传播学院硕士研究生。

过模拟现实环境和实物造型，让受众沉浸在虚拟场景中，产生增强现实、亲临其境的效果，比如3D全景新闻《和我在月亮的街头走一走》，受众能够以第一视角体验宇航员收集月球岩石样本、送往实验室化验的全过程。此类新闻通过文字、图片、音视频的组合，实现内容的动态呈现，交互元素较仿真模拟少，典型形式有一镜到底和高频率快闪，像《失踪青年章莹颖》以触摸滑动的形式为用户展现章莹颖赴美失踪的全过程。互动游戏用游戏形式来表现新闻内容，借助重力感应、双屏互动等技术实现高频率的互动，增强受众在H5新闻中的参与感，如腾讯新闻推出的《垃圾分类大挑战》。

这些形式的H5新闻是通过什么感知属性影响使用者的？它们是否能被广泛接受并得到进一步推广？本文将对此展开探讨。

一、理论框架和文献综述

1. 期望确认理论

期望确认理论（ECT）是由理查德·L. 奥利弗（Richard L. Oliver）提出的关于消费者满意度的重要理论[6]，并被相关学者进行研究和拓展。该理论的核心概念指消费者的购前期望和感知绩效之间的比较结果对满意度的影响，而满意度又会影响未来消费者是否继续使用/购买。其中期望确认度指个人对产品、服务或信息技术制品的判断和评价，购前期望与确认之间为负向关系：即消费者具有较高期望，而实际绩效未超过预期，则确认的程度就降低。反之，原先的期望较低，而实际绩效较高，则提高确认的程度，同时也会间接提高满意度。

该理论用于探讨消费者行为，最初出现在心理学和市场营销学研究中，但很快被应用到更广泛的领域，包括广告学、教育学、社会学等[7-9]。其中以阿诺·巴塔彻吉（Anol Bhattacherjee）提出的ECM模型最为著名，他结合原始的期望确认理论和信息系统使用特点，对网上银行用户进行研究，发现用户的持续使用意愿由信息系统使用满意度和感知有用性决定，而期望确认度和感知有用性会影响用户满意度[10]。众多学者在相关研究领域对ECT理论进行了拓展。

本文将期望确认理论运用于H5新闻的受众体验研究中，提出H5新闻受众的满意度受到感知质量和期望确认的影响，而满意度又影响持续使用意愿。研究中的感知质量不仅局限于感知新闻内容，还包含新闻内容的技术感知：H5新闻是以HTML5为技术基础，以移动媒体为主要平台的超媒体新闻，具备网络定位、本地存储、绘图画布、智能表单、跨平台分享以及对音视频的支持等技术特性，为新闻的“交互性”“易用性”奠定了基础。因此，引入技术接受模型，能更加全方位、多角度地解释受众满意度。

2. 技术接受模型

技术接受模型（TAM）是由弗雷德·D. 戴维斯（Fred D. Davis）运用理性行为理论研究用户对信息系统接受时提出的一个模型，用以解释计算机广泛接受的决定性因素[11]。技术接受模型认为有两个因素影响用户的持续使用意愿：感知的有用性和感知的易用性。前者表示用户认为使用某系统对其工作业绩提高的程度;后者反映用户认为使用某系统的容易程度。许多学者对技术接受模型进行了论证和发展。维斯瓦纳特·文卡特什(Viswanath Venkatesh)和戴维斯在进一步拓展的基础上提出了 TAM2 模型,强调社会影响和认识因素可能会对感知有用性和持续使用意愿造成影响[12]。文卡特什和希洛·巴拉(Hilol Bala)提出 TAM3 模型,在电子商务的情境下,考虑了信任和感知风险对系统使用的影响[13]。这些研究表明,TAM 模型具有较高的理论和应用价值。

作为当前移动科技发展的重要成果,H5 新闻建立在复杂又精密的信息技术系统之上。就某种意义而言,H5 是一种囊括了 HTML5 技术标准、技术组合、技术产品、技术平台等含义在内的复合意义指向[2]。基于此,在 H5 新闻的受众体验模型中,感知质量除了要考虑新闻质量外,还应考虑技术系统的易用性。因此,本文将感知易用纳入模型进行综合考察。

3. H5 新闻的受众体验

国外方面,申东熙(Donghee Shin)和弗兰克·比奥卡(Frank Biocca)提出了一个综合认知、情感和行为因素的沉浸式新闻体验模型,研究结果显示,沉浸的意义受用户性格和具体情形的影响,且沉浸的功能在很大程度上由用户的认知和意愿所决定[14]。此外,该模型还显示,用户认知过程中的期望确认度、共情度和表现度会影响满意度,而满意度又会进一步影响使用意愿。保罗·H. 特恩(Paul H. Vettchen)等人的研究则发现,360°全景视频能让受众获得更高的临场感、愉悦感以及信任度,从而证实了沉浸式叙事技术能增加受众与新闻的交互性[15]。阿尔巴·加西亚-奥尔特加(Alba García-Ortega)和何塞·A. 加西亚-阿维莱斯(Yose A. García-Avilés)建立了一个模型来探讨新闻游戏的质量、叙事、美感和游戏设计机制,认为新闻游戏是一种结合游戏和新闻元素的叙事策略,能让用户高交互、深沉浸和高参与地了解新闻内容[16]。

国内方面,杨林和姬秀梅从技术应用角度探讨了 H5 技术在新闻报道中的应用主要体现在新闻可视化、互动传播、艺术化解读、有效资料整合、专题报道整合五个方面,他们认为 H5 技术为移动端媒体提供了前所未有的新闻展现方式[17-18]。李林怡和徐媛媛从媒介情景的角度分析了 H5 广告创造的新媒介场景,包括信息共享关系、后台信息体现、受众碎片化阅读、物质地点关联等方面,并且基于“媒介即讯息”理论对 H5 语言延伸感官意识进行了再诠释[19-20]。张宇婷从受众分析的角度进行研究,一方面,基于“使用和满足”理论认为 H5 打破了传统线性传播模式,通过二次分享实现了传播者与受众角色的转换[21];另一方面,基于马斯洛需求理论认为 H5 在满足用户情感和社交需求的基础上,增添了诱发分享行为的动机,利用用户的社交关系链实现最大化的传播效果。宋婉宁则从场景建构方面研究了媒体 H5 产品对用户心理和行为的影响[3]。

二、研究假设和研究模型

1. 研究假设

综合目前的研究,我们发现 H5 新闻受众体验研究仍存在许多不足。首先,由于 H5 新闻属于本土化用语，国外基于纯粹的H5概念的研究较少，多用类似的沉浸式新闻或新闻游戏进行指代，但本文认为沉浸式新闻或游戏只是H5新闻场景建构三种方式中的一种(仿真模拟、故事叙述、互动游戏)，因此还需要对H5新闻本身进行系统研究。其次，国内研究多为质性研究，缺乏对受众体验的模型建构，未能清晰展现不同因素对受众体验的作用关系和影响机制。基于上述不足，本文以期望确认模型为主要理论框架，辅之以技术接受模型，构建了场景化H5新闻的受众满意度模型。该模型包含6个潜变量，其中期望确认度指受众对场景化H5新闻使用的期望与实际绩效一致性的感知；感知交互是指受众在体验场景化H5新闻过程中与虚拟元素互动的程度；感知内容是指受众对新闻信息的吸收率及其价值认可；感知易用指受众接触场景化H5新闻的便捷程度；满意度是受众在浏览场景化H5新闻后的接受度；持续使用意愿则用于衡量受众的黏性。与技术接受模型有所不同的是，H5新闻的属性更多地偏向"新闻"而非"技术"。因此，本文假设感知易用会对感知内容产生正向影响，即新闻的易用度会影响受众对内容的吸收和内化，具体假设如下：

假设1：场景化H5新闻期望确认正向影响感知交互。

假设2：场景化H5新闻期望确认正向影响感知内容。

假设3：场景化H5新闻期望确认正向影响感知易用。

假设4：场景化H5新闻期望确认正向作用于满意度。

假设5：场景化H5新闻感知易用正向影响感知内容。

假设6：场景化H5新闻感知交互正向作用于满意度。

假设7：场景化H5新闻感知内容正向作用于满意度。

假设8：场景化H5新闻感知易用正向作用于满意度。

假设9：场景化H5新闻满意度正向影响持续使用意愿。

2. 研究模型

上述假设形成了本文的研究模型(见图1)。

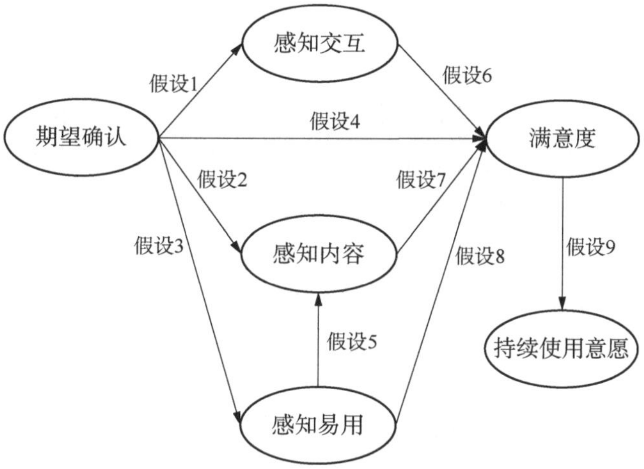

图1 研究模型

三、研究方法

本文采用问卷调查法。由于场景化 H5 新闻的期望确认、感知内容、感知交互、感知易用性、满意度和持续使用意愿等变量均无法直接准确测量，只能通过概念化指标从不同角度进行反映，传统多元回归方法只能处理观测值，而结构方程模型可以综合考虑显变量、潜变量和残差的影响，还可评估模型的信效度。因此，采用结构方程模型进行数据处理更为科学和符合实际。

1. 相关变量

为保证问卷的信度和效度，本文在以往研究的基础上，结合 H5 新闻的特征进行调整优化，对前文构建的研究模型和假设进行定量分析。问卷分为两部分：人口统计学信息和量表题项，题项采用李克特 7 级量表，参照国内外的相关研究成果进行题项的设定。在测量“期望确认度”时，借鉴了巴塔彻吉的研究[10]，包括“我认为 H5 新闻的实际体验比预期更好”“这种形式的新闻让我收获了和预期相比更多的益处”等四个题项；测量“感知易用性”时，采用了戴维斯的研究成果[11]，包括“H5 新闻的使用没有任何难度”“H5 新闻中的互动非常清晰和容易理解”等三个题项；测量“感知内容”时，借鉴了威廉・多尔(William Doll)和吴拉姆礼萨・托克扎德(Gholamreza Torkzadeh)的研究[22]，包含“H5 新闻中的信息有很好的新闻价值”和“H5 新闻有我需要的充足的信息”两个题项；测量“感知交互”时，基于莎莉・J. 麦克米伦(Sally J. McMillan)和黄长善(Jang-Sun Hwang)的研究[23]，包括“我认为 H5 新闻有许多交互元素”“我认为 H5 新闻可以获得实时的交流体验”和“总体而言，我认为 H5 新闻是交互的”三个题项。“满意度”的测量参考了彼得・J. 丹纳赫(Peter J. Danaher)和瓦妮莎・哈德雷尔(Vanessa Haddrell)的研究[24]，使用了“与其他类型的新闻相比，我对 H5 新闻更满意”等两个题项；“持续使用意愿”借鉴了巴塔彻吉的研究成果[10]，包括“我愿意向周围的亲戚或朋友推荐 H5 新闻”和“我会将 H5 新闻作为常用的新闻浏览方式”两个题项。

2. 数据收集

问卷采用滚雪球法和随机抽样法进行发放。首先进行一次样本量为 60 的预调研，探索性因子分析显示部分题项载荷量低，因此去掉四个题项，得到最终的变量衡量题项。同时，修改了问卷填写前置条件，确保问卷的信效度良好。修改后的前置条件如下：问卷填写者需要有阅读场景化 H5 新闻的经历，若无，则被要求从 12 则 H5 互动新闻中选取 4 则最感兴趣的进行浏览，但需确保每种场景建构类型至少要选择一则。全部 12 则场景化 H5 新闻的选取综合考虑以下因素：来源媒体的权威性(如《人民日报》、央视新闻、澎湃新闻、新华社等)；新闻的知名度(点击量、相关网络提及)；新闻题材的多样性(政治、法律、环保、科学、医学等)。除此之外，每种建构类型(仿真模拟、故事叙述、互动游戏)各有 4 则相关新闻。我们利用问卷星平台的样本服务功能在线上发布了 360 份问卷，同时通过滚雪球法在线下收集了 50 份问卷，共 410 份。考虑到每则新闻的平均浏览时间为 1～2 分钟，筛选填写时间大于

10分钟的问卷以控制质量。经过筛选，线上线下问卷共去除无效样本后，最终得到有效问卷260份，有效率为63.41%，超出分析项的10倍，样本量适中。其中，男性占60.38%，女性占39.62%；学历大专及以下占21.15%，本科生占33.08%，研究生占31.54%，博士生占14.23%。

四、实证结果

1. 信度与效度分析

量表的总信度克龙巴赫(Cronbach's) α 为0.90，六个变量"期望确认""感知易用性""感知内容""感知交互""满意度""持续使用意愿"的Cronbach's α 分别为0.89、0.76、0.77、0.71、0.85、0.79，Cronbach's α >0.60在可接受范围内，说明各变量都有较优的信度，测量稳定。

由表1可知，对6个因子、16个分析项进行验证性因子分析，每个因子对应的CR值>0.7，AVE值>0.5，证明每个潜变量间具有较好的一致性，模型收敛效度良好[25]。同时，每个题项的标准载荷系数值>0.7且显著，证明测量变量能有效反映潜变量的特征[26]。

表1 测量指标的验证性因子分析

变量	题项	标准载荷（SFL值）	组成信度（CR值）	平均方差萃取量（AVE值）
期望确认	Q1_1	0.80	0.86	0.61
	Q1_2	0.80		
	Q1_3	0.77		
	Q1_4	0.76		
感知易用性	Q2_1	0.57	0.83	0.53
	Q2_2	0.78		
	Q2_4	0.85		
感知内容	Q3_1	0.79	0.71	0.54
	Q3_2	0.69		
感知交互	Q4_1	0.65	0.74	0.51
	Q4_2	0.72		
	Q4_4	0.73		
满意度	Q5_1	0.77	0.77	0.62
	Q5_3	0.81		
持续使用意愿	Q6_1	0.86	0.82	0.70
	Q6_2	0.82		

由表 2 可知,AVE 平方根最小值为 0.70,大于因子间相关系数最大值 0.69,说明和预设变量不存在相关的题项确实与该变量没有相关,模型具有较好的区分效度[27]。

表 2 测量指标的区分效度检验

	期望确认	感知易用	感知内容	感知交互	满意度	持续使用
期望确认	0.78					
感知易用	0.48	0.73				
感知内容	0.48	0.48	0.74			
感知交互	0.40	0.37	0.46	0.70		
满意度	0.50	0.45	0.53	0.61	0.79	
持续使用	0.42	0.38	0.50	0.53	0.69	0.84

注:对角线上数值为 AVE 平方根值,其余数值均为相关系数。

2. 路径分析和假设检验

对初始模型进行 MI 修正,此时估计结果如表 3 所示。由该表可知,各项模型拟合系数符合最优标准值范围,拟合效果优良[28]。

表 3 模型适配度检验结果

模型拟合系数	统计值	最优标准值	拟合效果
χ^2	136.178	—	—
df	94	—	—
χ^2/df	1.449	<3	优
GFI	0.940	>0.9	优
RMSEA	0.042	<0.1	优
SRMR	0.055	<0.1	优
CFI	0.977	>0.9	优
TLI	0.970	>0.9	优

假设检验结果显示(见表 4),除假设 4、假设 8 外,其他假设都得到了验证。其中期望确认能显著正向影响感知交互($\beta=0.55$,$P<0.05$)、感知内容($\beta=0.43$,$P<0.05$)和感知易用性($\beta=0.58$,$P<0.05$)。感知交互($\beta=0.56$,$P<0.05$)和感知内容($\beta=0.35$,$P<0.05$)能显著影响移动互联网用户对 H5 新闻的满意度,而这种满意度又会大幅度提升用户将来继续使用该类型新闻的意愿($\beta=0.86$,$P<0.05$)。感知易用性还会对用户的感知内容($\beta=0.39$,$P<0.05$)造成显著的正向影响。

表4　模型假设检验结果

假设	路径	标准化路径系数	z值	检验结果
1	期望确认→感知交互	0.55	6.52	支持
2	期望确认→感知内容	0.43	4.57	支持
3	期望确认→感知易用	0.58	5.59	支持
4	期望确认→满意度	0.08	0.83	不支持
5	感知易用→感知内容	0.39	4.29	支持
6	感知交互→满意度	0.56	6.15	支持
7	感知内容→满意度	0.35	3.19	支持
8	感知易用→满意度	0.05	0.60	不支持
9	满意度→持续使用意愿	0.86	11.36	支持

五、结果与讨论

移动传播时代的到来改变了媒体内容的生产和分发方式，也改变了传统的受众信息接收方式。以H5新闻为代表的新兴超媒体反映了新闻市场出现的结构性转变。本文从移动互联网用户的角度出发，探讨他们对H5新闻的满意度及其进一步使用意愿，对转型和发展的新闻行业具有重要的理论及现实意义。我们以期望确认理论和技术接受模型为依据，构建了H5新闻受众体验模型，并进行了信效度检验。在此基础上，对模型进行修正和假设验证。相关研究结论如下：

首先，移动互联网用户在浏览H5新闻后做出的判断，即使用期望和实际绩效在多大程度上趋于一致，会影响他们对新闻的感知特征，而这些感知特征又会显著影响他们对H5新闻的接受度。研究发现，期望确认度无法直接对用户的满意度产生影响，这进一步证实了这些感知属性的重要作用。杨超和朱小阳曾提出，竖屏化传播和融媒体交互是H5新闻的显著特点[29]。H5支持的移动交互方式，包括触屏、拍照、GPS定位以及陀螺仪，能让用户流畅地体验由图片、文字、音乐、动画等多种元素营造的媒体环境。用户通过滑动、缩放、旋转、平移、摇晃等形式和新闻发生互动，而这种交互感受会共同作用于他们对H5新闻的满意程度。此外，尽管形式发生了巨大变化，新闻的核心仍然在于信息的传递。换言之，读者是否能从新闻中获取充足且有价值的信息，决定了他们对H5新闻的态度是积极还是消极，以及他们是否愿意进一步使用该类型的新闻。

其次，感知易用性通过感知内容来影响用户的满意度。在传统的技术模型中，感知易用性能直接正面作用于用户对商品或服务的态度，从而影响他们的持续使用意愿。然而，在本模型中，感知易用性并不能直接影响用户的满意，但高期望确认带来的高感知易用性会作用于用户对H5新闻的内容感知，从而提高他们的满意程度。这种现象可能有两种解释:第一,移动互联网用户已经能够熟悉地操作和使用融媒体,他们认为易用性是移动互联网服务的基础属性,而不是亮点。第二,虽然H5是一种建立在HTML5技术规范之上的综合性的技术体系,但H5新闻本质上仍然是一种新闻,而非单纯的技术。技术只是一种帮助受众更好地理解、接受和内化内容的工具,而受众对新闻价值和新闻质量的判断才是影响他们对H5新闻接受度的重要因素。如果主次不分,一味追求H5新闻的便捷易用而忽视了对新闻内容的把控,是无益于受众体验完善的。正如杨超和朱小阳所言,这种易读的新闻容易让发布者在内容的表现形式(如花哨的专场和炫酷的动画)上投入过多精力,从而稀释掉真正有效的深度内容,最终遭到用户摒弃[29]。

作为近几年来媒体融合创新的发展方向,H5新闻得到了大量学者的关注,但研究出发点多为创作者角度。本文证明,这种新闻具有强大的市场潜力,它的个性化、方便快捷,以及高交互性吸引着读者,并引导读者进一步使用和分享这种类型的新闻。然而,便捷性需要服务于文本内容,媒体不可过分依赖媒介技术,推出有深度的新闻报道仍然是吸引读者的源头活水。我们也期待在未来能有更多注重受众体验的研究出现。

参考文献

[1] 王雅君. 基于H5技术的可视新闻研究:以2016年人民日报微信公众号两会报道为例[J]. 传媒, 2016(10):73-75.

[2] 苏涛. H5新闻的概念起源与技术逻辑:基于技术视角的考察[J]. 新媒体研究, 2019(20):1-5,12.

[3] 宋婉宁. 媒体H5产品场景建构及其对受众认知心理和行为的影响研究[D]. 南京:南京大学,2019.

[4] 詹新惠. H5产品的基本样式及其在新闻领域的应用[J]. 新闻与写作,2017(6):75-78.

[5] 丁怡然. 微信中H5广告的传播效果研究[D]. 沈阳:辽宁大学,2016.

[6] Oliver R L. A cognitive model of the antecedents and consequences of satisfaction decisions [J]. Journal of marketing research, 1980,17(4):460-469.

[7] Lee M. Explaining and predicting users' continuance intention toward e-learning: an extension of the expectation-confirmation model [J]. Computers & education, 2010,54(2):506-516.

[8] Anderson E W, Sullivan M W. The antecedents and consequences of customer satisfaction for firms [J]. Marketing science, 1993,12(2):125-143.

[9] Patterson P G, Johnson L W, Spreng R A. Modeling the determinants of customer satisfaction for business-to-business professional services [J]. Journal of the academy of marketing science, 1997,25(1):4-17.

[10] Bhattacherjee A. Understanding information systems continuance: an expectation-confirmation model [J]. MIS Quarterly, 2001,25(3):351-370.

[11] Davis F D. Perceived usefulness, perceived ease of use, and user acceptance of information technology [J]. MIS quarterly, 1989,13(3):319-340.

[12] Venkatesh V, Davis F D. A theoretical extension of the technology acceptance model: four longitudinal field studies [J]. Management science, 2000(2):186-204.

[13] Venkatesh V, Bala H. Technology acceptance model 3 and a research agenda on interventions

[J]. Decision sciences, 2008, 39(2): 273 - 315.
[14] Shin D, Biocca F. Exploring immersive experience in journalism [J]. New media & society, 2018, 20(8): 2800 - 2823.
[15] Vettehen P H, Wiltink D, Huiskamp M, et al. Taking the full view: how viewers respond to 360-degree video news [J]. Computers in human behavior, 2019, 19: 24 - 32.
[16] García-Ortega A, García-Avilés J A. Newsgames as a storytelling strategy in transmedia journalism: an analysis model proposal [J]. Revista mediterranea comunicacion-journal of communication, 2018, 9(1): 327 - 346.
[17] 杨林. HTML5:移动端新闻媒体的新选择[J]. 新闻世界,2015(5):151 - 153.
[18] 姬秀梅. 新闻报道中 H5 新闻的应用研究[J]. 新闻采编,2018(4):18,26.
[19] 李林怡. 媒介情景理论视角下微信朋友圈 H5 广告页面异化问题研究[D]. 郑州:郑州大学,2016.
[20] 徐媛媛. "媒介即讯息"的新诠释:HTML5 技术[J]. 新媒体研究,2016(09):81 - 82+126.
[21] 张宇婷. H5 的新媒体语境传播及应用研究:以《人民日报》H5 产品《快看呐! 这是我的军装照》为例[J]. 西部学刊,2018(9):23 - 25.
[22] Doll W J, Torkzadeh G. The measurement of end-user computing satisfaction [J]. MIS quarterly, 1988, 12(2): 259 - 274.
[23] McMillan S J, Hwang J S. Measures of perceived interactivity: an exploration of the role of direction of communication, user control, and time in shaping perceptions of interactivity [J]. Journal of advertising, 2002, 31(3): 29 - 42.
[24] Danaher P J, Haddrell V. A comparison of question scales used for measuring customer satisfaction [J]. International journal of service industry management, 1996, 7(4): 4 - 26.
[25] Fornell C, Larcker D F. Evaluating structural equation models with unobservable variables and measurement error [J]. Journal of marketing research, 1981, 18(1): 39 - 50.
[26] Carmines E, Zeller R. Reliability and validity assessment [M]. Newbury Park, CA: Sage Publications, 1979.
[27] Campbell D T, Fiske D W. Convergent and discriminant validation by the multitrait-multimethod matrix [J]. Psychological bulletin, 1959, 56(2): 81 - 105.
[28] Iacobucci D. Structural equations modeling: fit indices, sample size, and advanced topics [J]. Journal of consumer psychology, 2010(20): 90 - 98.
[29] 杨超,朱小阳. 移动优先与媒体融合:基于 H5 的移动数字出版交互式传播策略[J]. 编辑学刊,2019(2):55 - 59.